Zum Geleit

»Das schwerste Bistum der Welt«, so hat Papst Johannes Paul II. die Ortskirche von Berlin einmal genannt, weil der Bischof den Auftrag hatte, die durch die Mauer getrennten Teile als eine Diözese zu leiten. Daher war es für den damaligen Generalvikar von Erfurt kein leichter Entschluss, dem Wunsch des Papstes und der Wahl des Domkapitels von St. Hedwig zu entsprechen und die Leitung dieses Bistums zu übernehmen.

Sein Amtsantritt fiel in eine politisch sehr bewegte Zeit, die das Leben der Menschen vornehmlich in Osteuropa wie durch ein Wunder dramatisch veränderte. Mittlerweile ist die Mauer gefallen. Immer mehr Menschen kennen sie nur noch als dunkle Erinnerung. Viele haben sie nie selbst erlebt und erlitten. Berlin ist Erzbistum geworden. Ost und West begegnen sich wie selbstverständlich, auch wenn die unterschiedliche Herkunft immer noch erkennbar ist.

Die neue Aufgabe erforderte alle Kräfte von Bischof Sterzinsky, um das komplexe Leben der großflächigen Diözese zu einer Einheit zusammenzuführen. Ost und West, Stadt und Land, Alteingesessene und Neuzugezogene, Einheimische und viele fremdsprachige Nationen sowie Prominente aus Ökumene und Politik, Kultur und Gesellschaft suchten den Hirten der einen katholischen Kirche. Unvorhergesehene Probleme der Finanzen und aus dem Personalbereich galt es zu bewältigen. Bei allem zeigte sich die Führung Gottes, die Kraft des Glaubens in den einzelnen Gemeinden und das Bemühen vieler, die Lasten miteinander zu tragen. Darum gehen wir voller Gottvertrauen, Hoffnung und Zuversicht in die Zukunft, die der Herr uns schenkt.

Wir durften unseren Kardinal während der über 20 Jahre seines Wirkens in Berlin in seinem bischöflichen Dienst unterstützen und begleiten. Wir danken ihm für seine Stärkung im Glauben, seinen unermüdlichen Eifer und sein Sorgen um die Gemeinden in den verschiedenen Stürmen, die das Erzbistum Berlin in den vergangenen Jahren erlebt hat. Zugleich empfehlen wir ihn und alle, die ihm anvertraut sind, dem Segen Gottes.

Weihbischof em. Wolfgang Weider · Weihbischof Dr. Matthias Heinrich

Gesichter und Geschichten

Positive Unruhe im Weinberg des Herrn

Kaplan **Claudius Teuscher**

Das Christian-Schreiber-Haus in Alt-Buchhorst und sein Hausleiter Kaplan Claudius Teuscher haben bereits eine längere gemeinsame Geschichte. An unzähligen Dekanatswochenenden und Wallfahrten war er als Jugendlicher schon dort, aber nun hat sich die Perspektive geändert. Als Hausleiter trägt der gebürtige Berliner jetzt seinen Teil dazu bei, dass junge Menschen an diesem idyllischen Fleckchen unweit von Erkner die gleichen positiven Erfahrungen machen dürfen wie er. »Ich möchte für einige positive Unruhe im Weinberg des Herrn sorgen und den jungen Besuchern des Hauses zeigen, dass Kirche auch heute jung, erfrischend und anziehend ist.«

Kaplan Teuscher kommt aus einer katholisch geprägten Familie im Berliner Osten. Dort erlebt er Kirche in und vor seinem zu Hause. Gleich neben der Kirche St. Mauritius im Lichtenberger Plattenbau wohnend, verbringt er bereits viel freie Zeit in der Kirche. Es lag nahe, schon als kleines Schulkind Ministrantendienste zu übernehmen – auch ungeplante. »Ich konnte von meinem Zimmer aus immer den Pfarrer in der Sakristeitür stehen sehen. Wenn er vor der Abendmesse im Lichtschein in der Tür stand, dann wusste ich, dass er noch jemanden zum Ministrieren sucht. Da habe ich dann nicht lange gezögert.« Er erlebt bereits im Gemeindekindergarten und -hort überzeugende Vorbilder, auch seine Religionslehrerin bestärkt ihn. Gemeinde ist für ihn ein Stück heile Welt gewesen.

Beide Eltern arbeiten nach der Wende im kirchlichen Dienst. In seiner Familie übernimmt die Mutter, Katechetin von Beruf, die Rolle des erklärenden Erwachsenen, beantwortet Fragen und gibt Rückhalt. Der Vater reflektiert den Tag und betet gemeinsam mit den Kindern. Beide empfindet Kaplan Teuscher als seine Basis für den Glauben. Auch als er als Jugendlicher seine persönlichen Interessen wie Fußball, Musik oder das Theater in den Vordergrund stellt, drängen ihn seine Eltern nicht zum Gottesdienst und geben ihm Halt in all seinen Fragen. Trotzdem gab es auch Phasen, in denen der heutige Priester auch aufgehört hat, aktiv in der Gemeinde mitzuwirken. »Natürlich gab es das Alter, in dem ich sonntags liegengeblieben bin, wenn der Samstag lang war. Da habe ich es sehr genossen, dass meine Eltern nicht engführend waren. Das war eine Art Durststrecke, in der Gott keinen Platz in meinem Leben hatte. Auszeit nennt man es vielleicht.« Ob es sich dabei um ein bewusstes Ausklammern von Gott oder eher um eine Art Ausprobieren gehandelt hat, bei dem er getestet hat, ob er auch ohne Gott kann, weiß Claudius Teuscher heute nicht mehr. Er ist aber froh, dass dann auch wieder das Alter kommt, in dem er gern in die Kirche geht und erneut anfängt, sich im Bereich der Ministrantenarbeit zu engagieren. Diesen Weg,

> **»Ich möchte den jungen Besuchern des Hauses zeigen, dass Kirche auch heute jung, erfrischend und anziehend ist.«**

den der Kaplan als »das Erwachsenwerden des eigenen Glaubens« beschreibt, geht er nicht allein. Ein der Familie verbundener Geistlicher wird sein Wegweiser. Er beantwortet alle Glaubensfragen, er spricht mit ihm über seine Zweifel und lässt ihn am Ende in einen festen Glauben zur Kirche zurückkehren. Der Halt in der Kirche wird mit der Zeit so fest, dass er darüber nachzudenken beginnt, Priester zu werden.

Wie in der Samuel-Geschichte

Es sind zwei Erlebnisse in seinem Leben, die ihn bestärken, der Berufungsfrage nachzuspüren. Zum einen ist es die Silberhochzeit seiner Eltern, auf der Pfarrer Dybowski mit seiner »Quetschkommode« und der Predigt die Menschen begeisterte. Zum anderen ist es ein Pfarrer in Hamm, der das Gleiche schafft und bei Claudius Teuscher den Funken überspringen lässt. Er stellt sich die Frage »Könnte ich das auch? Würde ich das gerne können?«

Seinen Glauben hat Claudius Teuscher immer bewusst und ohne Scham gelebt. Aber die Begeisterung,

diese Freude und seinen Glauben vermitteln zu wollen, ist danach entstanden. Doch er ringt mit sich, will ein Studium in Geschichte und Politik beginnen und zweifelt immer wieder. Dieser innere Zwiespalt, die Fragen, die er über einen längeren Zeitraum mit sich trägt, erinnern ihn ein bisschen an die Samuel-Geschichte und das »Sich-gerufen-fühlen«. Er vertraut sich dem befreundeten Priester an, erzählt von seiner Suche. Nach dem Gespräch ist er sich sicher, er möchte es probieren. Ist er berufen? »Ich würde einen Unterschied machen zwischen einen Beruf ausüben und einem Ruf zu folgen – berufen sein. Be-

Feedback für seine Arbeit wie z.B. der Predigten gibt es eher selten. Doch die Stetigkeit der Gottesdienstbesucher und das direkte Gespräch bestätigen ihn darin, dass er seine Glaubensfreude nach außen tragen kann. Priester zu werden ist für den jungen Kaplan das eine – Priester sein, das andere. Es ist ein immerwährender Prozess, an dem man ein Leben lang arbeiten muss.

Den Himmel »schmackhaft« machen

Aktuelle Schlagzeilen machen es nicht immer einfach, katholisch zu sein, und trotzdem sind die Freude

»Ich jedenfalls fühlte mich gerufen.«

rufe erlernen oder ausüben kann man, glaube ich, viele. Berufen ist man hingegen nur zu einer Sache. Ich habe mich immer gescheut, das Wort in den Mund zu nehmen. Bist du berufen? Ich weiß es nicht. Ich glaube, dass ich gerufen bin, ob ich wirklich berufen bin, müssen andere beurteilen. Ich jedenfalls fühlte mich gerufen.« Er fühlt sich gerufen, den Menschen die Botschaft zu überbringen, seine Freude und sein Glaubensgefühl zu vermitteln.

Nach dem Gespräch mit den Eltern folgen die Bewerbung, das persönliche Gespräch und der Ausbildungsweg zum Priester in Erfurt und Wien, den er 2007 mit seiner Weihe abschließt.

am Glauben und die Freude an der Vermittlung sein Leben. Bei seinen beiden Tätigkeiten in Alt-Buchhorst und beim BDKJ bleibt wenig Zeit für die Hobbys im Leben des jungen Mannes. Das Lesen von »Trivialliteratur« oder Musikmachen sind seltener geworden und treten hinter den Beruf zurück. Doch seine Aufgaben machen ihn froh, und so beschreibt Claudius Teuscher die Tradition als etwas Bewährtes. Nicht im Sinne von alt und angestaubt, sondern als Fundament und Wurzel seiner Arbeit, die man sich zu Recht von Zeit zu Zeit kritisch betrachten und sich dann fragen muss, ob man die Menschen so noch erreicht. Man muss immer wieder

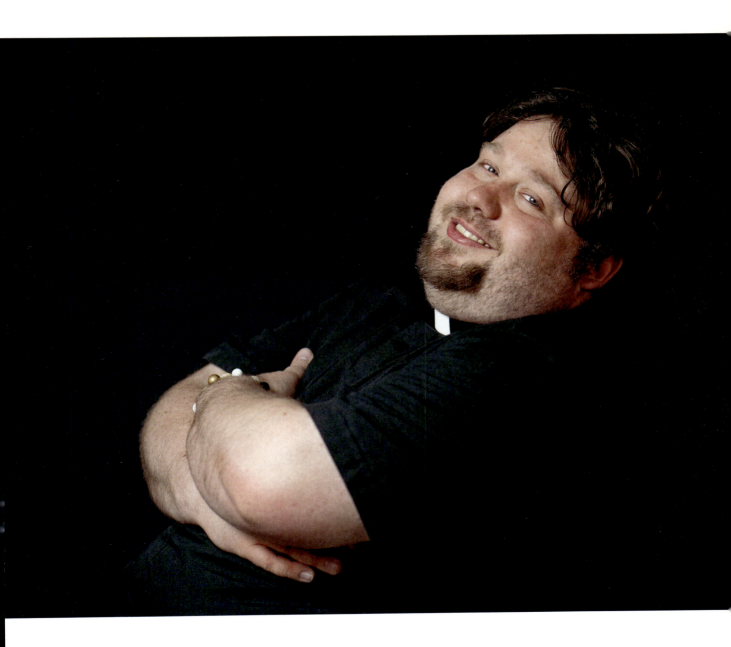

nach neuen Wegen suchen. Ihm fällt der Ausspruch eines Mitbruders ein: »Wir haben ein super Produkt als Kirche, aber wir haben ein Marketingproblem, und wir können es letztlich nicht verkaufen.« Der BDKJ-Präses ergänzt: »Unser tolles Produkt ist ein Ladenhüter. Wir müssen fortschrittlich sein und umdenken. ebenfalls für einen wichtigen Punkt in der kirchlichen Vermittlungsarbeit. Reflexion und Supervision sind für die Arbeit mit und am Menschen wichtig und können die Geistlichen untereinander zusammenbringen und stärken. Denn auch sie haben Probleme, die sie gerne teilen würden. Ein Priester muss

»Wir haben ein super Produkt als Kirche, aber wir haben ein Marketingproblem, und wir können es letztlich nicht verkaufen.«

Wie können wir das Produkt, das wir haben – den Himmel – den Menschen nicht nur versprechen, sondern es ihnen auch schmackhaft und vermittelbar machen? Das bedeutet nicht, das Blaue vom Himmel zu holen, sondern das Angebot zeitgemäß zu vermitteln. Das ist meiner Meinung nach ein Bereich, in dem wir uns dringend neu ausrichten müssen.«

Das sind Aufgaben und Wege, die Claudius Teuscher speziell auch für seine Tätigkeit sieht. Gerade in seiner Arbeit mit Jugendlichen in Alt-Buchhorst möchte er durch seine Anwesenheit und Gelegenheiten zum Gespräch Ansätze dafür bieten. Die tägliche Messfeier und das Stundengebet sind ihm dabei eine große Hilfe, immer wieder spirituelle Stärkung zu erfahren. Den Austausch unter Priestern hält Kaplan Teuscher

auch Mensch sein dürfen. Auch die Gemeinde sieht er in der Pflicht, die gemeinsame Zukunft zu gestalten: »Der Pfarrer ist nicht mehr zwangsläufig Hochwürden, er ist einer, der in der Gemeinde eine Position hat. Aber man sollte auch konstruktive Kritik ausüben. Ein Priester darf sich auch nicht alles erlauben.«

Claudius Teuscher wirkt stark und fröhlich. »Ich fühle mich sehr wohl als Priester«, sagt er mit einem Lächeln und man glaubt es ihm. (KM)

Kaplan Claudius Teuscher, geb. 1979 in Berlin, Priesterweihe 2007. Seit Mai 2009 Hausleiter im Christian-Schreiber-Haus in Alt-Buchhorst (Jugendbildungshaus des Erzbistums) und Diözesanpräses des BDKJ Berlin.

Gottes Werk auf Erden mitgestalten

Dr. **Maria Sternemann** · *Pfarrgemeinderatsvorsitzende*

»Ich träume Gemeinschaft,
in der freie Menschen einander als Freie begegnen,
unverstellt, offen, ohne Furcht voreinander Worte sagen,
die von Herzen kommen. Ich träume Gemeinschaft,
in der jeder die eigene Geschichte erzählen kann,
Irrtum und Versagen, getanes Unrecht und erlittenes,
offen und ungeschönt,
geschwisterlich im Aufeinander-Hören.
Ich träume Gemeinschaft, in der einer dem anderen
Hilfe anbietet und gewährt. Von Gemeinschaft
träume ich, in der der Erste bei der Letzten sitzt,
die Schnellste mit dem Lahmen geht,
die Kinder lustig und laut sein dürfen,
die Jungen auf die Alten achten und
die Alten auf die Jungen.
Gemeinschaft, die Hoffnung teilt wie Brot ...
Ich träume Kirche.«

Es ist dieses Gedicht von Eleonore Beck, »Träume von Gemeinschaft«, in dem Maria Sternemann sich und ihre eigenen Träume von Kirche, von Gemeinschaft wiederfindet. Maria Sternemann ist eine Frau mit interessanten Wegmarken, mit einem Geist, der bewegt und nachfragt. Sie engagiert sich in ihrer Kirche, hat aber auch Wünsche an ihre Kirche.

Im Restaurant »Maria und Josef« in Berlin-Lichterfelde sitzen wir uns gegenüber, zwar nicht ohne Heimat und nicht auf Herbergssuche, aber wir reden darüber, ob und wie wir Heimat finden in unserer Kirche.

In der schönsten Kirche Berlins

Im Jahr 1994 kommt sie nach Berlin. Einige Jahre nach Wende und Wiedervereinigung will sie auch in diese spannende Stadt, die jetzt zwar noch unfertig, aber auf einem guten Weg und so zu ertragen ist.

Zunächst in Spandau in St. Marien beheimatet, lebt sie seit dem Sommer 2000 in Lichterfelde in der Gemeinde Heilige Familie. Ihr erster Gedanke, als sie ihre neue Pfarrkirche sieht: »Wie schön, hier sieht's ja aus wie in Spandau.« Des Rätsels Lösung: Beide Kirchen sind von dem gleichen Architekten Christoph Hehl erbaut, und so besteht sofort Vertrautheit durch die Architektur. Nach dem ersten Gottesdienstbesuch stellt sie sich bei Pfarrer Hampel vor und macht ihm ein artiges Kompliment für seine schöne Kirche. Seine Antwort: »Ja, sie ist die schönste Kirche Berlins.«

Es ist dann keine Überraschung mehr, dass die neue Gemeinde nicht nur architektonisch gut gefügt ist, sondern auch dank lebendiger, jahrzehntelang gewachsener Strukturen im guten Sinne ihrer selbst sicher ist. Als Chorsängerin und Lektorin findet sie rasch einen Platz in der Gemeinde und so ist es nur konsequent, dass sie sich 2003 für den Pfarrgemeinderat aufstellen lässt. 2003, ein Jahr, das im Erzbistum Berlin ganz wesentlich von der Finanzkrise geprägt ist, deren Auswirkungen sie noch lange beschäftigen sollen.

Auf den ehrlichen Brief unseres Erzbischofs an die Diözesanen mit der Übernahme der Verantwortung und der Bitte um Vertrauen antwortet sie ihm seinerzeit: »Als angestellte Ärztin ohne Wirtschaftskenntnisse, aber wie Sie, lieber Bischof, gewohnt, Verant-

> **»Ich habe Sie als einen väterlichen, den Christen Ihres Bistums sehr nahen und verbindlichen Bischof schätzen gelernt.«**

wortung zu tragen, stehe ich vor einem Rätsel, zweifle aber keineswegs an Ihrem guten Willen, der offenbar die jetzige Situation nicht vermieden hat. Bei allen Fragen haben meine Achtung und Zuneigung zu meinem Bischof nicht gelitten. Ich habe Sie als einen väterlichen, den Christen Ihres Bistums sehr nahen und verbindlichen Bischof schätzen gelernt.« Zeilen, zu denen sie auch heute, sieben Jahre später, stehen kann.

Gemeindeleben in Zeiten der Mangelverwaltung

Mit den folgenden Jahren kommen weitere Herausforderungen und schmerzliche Veränderungen: Einsparungen, Stellenstreichungen und Kündigungen, die ungeliebte Gemeindefusion und die Aussicht auf

noch größere Zusammenschlüsse in pastoralen Räumen. Natürlich sind diese Jahre nicht geprägt von Zufriedenheit – es sind Zeiten der Mangelverwaltung. Tröstlich ist, wie gut diese in der Gemeinde Heilige Familie gelingt, dank vieler Gemeindemitglieder, die ihre Verantwortung erkennen und wahrnehmen. So können nach all den Kürzungen viele Löcher gestopft werden; viel Gutes und Bewährtes kann erhalten bleiben. Inzwischen Pfarrgemeinderatsvorsitzende, erlebt Maria Sternemann allerdings die andere Seite dieser Medaille als ziemliches Dilemma. Das lebendige Gemeindeleben auch in Zeiten des Mangels zu erhalten, bindet derart Kraft und Energien, dass kaum Neues entsteht. Das aber hält sie für dringend geboten.

»Wenn ein Priester alt wird, bekam er früher einen Kaplan, heute bekommt er eine zweite Gemeinde. Und er ist gut dran, wenn es nicht mehr werden.« Dieses

August 1961 im westfälischen Dorsten geboren und ist dort auch aufgewachsen, mitten im Bistum Münster; »man war dort selbstverständlich katholisch«, und sie ist es bis heute geblieben. Ihr Medizinstudium führt sie nach Göttingen in die Diaspora, wo ihr religiöser Horizont sich weitet: Der Universitätschor studiert Bach-Kantaten ein und führt sie im evangelischen Universitätsgottesdienst auf. Die tiefe Bewunderung für die in unserer Schwesterkirche praktizierte Kirchenmusik dauert bis heute an. Begegnungen in der Katholischen Studentengemeinde sind von großer Bedeutung und lassen sie ihren »religiösen Kinderschuhen« entwachsen. Neue Aspekte von Gemeinde eröffnen sich ihr. Zur Facharztausbildung geht sie nach Oldenburg, auch eine Diaspora, die jedoch nah an den westfälischen Katholizismus grenzt. In ihrem beruflichen Umfeld trifft die junge Ärztin auf Men-

»Wenn ein Priester alt wird, bekam er früher einen Kaplan, heute bekommt er eine zweite Gemeinde. Und er ist gut dran, wenn es nicht mehr werden.«

nüchterne, inzwischen geflügelte Wort beschreibt ein weiteres Problem des aktuellen Kirchenlebens. Maria Sternemann vermisst bei der Kirchenleitung den Mut, über mögliche Ursachen des Priestermangels ehrlich und offen nachzudenken. Sie wünscht sich, dass die Erschütterungen in der Krise als Chancen für grundlegende Veränderungen genutzt werden. Die bisherigen Erfahrungen zeigen jedenfalls, dass verantwortungsbewusste Laien sich wegen des Mangels an Priestern nicht immer größere pastorale Einheiten überstülpen lassen.

Hier bin ich religiös zuhause

Gottes Werk auf Erden mit zu gestalten, ist für Maria Sternemann immer wieder eine spannende Herausforderung. Eine Herausforderung, die durch den entsetzlichen Missbrauchsskandals noch schwerer geworden ist. »Es macht derzeit wirklich keine Freude, zu dieser Kirche zu gehören«, hat jemand aus der Gemeinde zu ihr gesagt. Die Formulierung trifft durchaus auch ihre Stimmungslage in Momenten, in denen sie sich fragt: »Wie mache ich weiter? Wie geht es weiter in der Gemeinde, in der ich gerne lebe?«

Den Grund für ihren Mut, weiterzumachen, findet man in ihrer »Vorgeschichte.« Sie hat ihre Heimat in der katholischen Kirche nicht erst jetzt gefunden: Maria Sternemann ist wenige Tage nach dem Mauerbau im

schen, die stark im Glauben verwurzelt sind und ihn im Berufsalltag wahrhaft bezeugen. Unmittelbar nach der Facharztprüfung hospitiert sie ein Jahr in Paris, lebt an den Wochenenden im Umland der Metropole in der Laien-Kommunität »Notre Dame de Bonne Délivrance« in der Ile de France, von Liebhabern auch »le cœur de la France« genannt. Msgr. Hardy, der damalige Bischof von Beauvais, hat seinerzeit den Ordenspriester Joseph Maindron, ein Mitglied der Weißen Väter, und die Kommunität gebeten, in einem »Château« das Exerzitienhaus in seinem Bistum zu führen. Hier trifft sie Menschen aus der ganzen Weltkirche, erlebt katholische Kirche »à la française«, voller Herzlichkeit und Wärme in Verkündigung, Liturgie und Diakonie. »Seitdem denke ich, es betet sich besser auf Französisch!« Diese Kontakte zu Menschen jeden Alters, unterschiedlicher Herkunft und verschiedenster Ausbildungen und Berufe, aber einer Gesinnung, und die Erfahrungen aus den vorherigen Stationen ihres Lebens führen dazu, dass sie sagen kann: »Ich bin in meiner Kirche angekommen, hier bin ich religiös zu Hause.« Um gleich eine Frage anzuschließen: »Wo und wie kann ich Dienst in meiner Gemeinde tun?« (KW)

Dr. Maria Sternemann, geb. 1961 in Dorsten (Westfalen), ledig, Ärztin für Strahlentherapie an der Charité Campus Benjamin Franklin.

18 *Pfarrer* **Richard Rupprecht**

Gott lässt uns nicht los

Pfarrer **Richard Rupprecht**

»Außer meinen Sünden habe ich nichts zu bereuen.« Seit August 2010 ist er nun endgültig im Ruhestand angekommen, zuletzt hatte sich Pfarrer Rupprecht nach fast 25 Jahren selbst als Pfarrer von Heilige Dreifaltigkeit in Brandenburg an der Havel vertreten, bis sein Nachfolger, Matthias Brühe, kam. Für den Ruhestand hat er sich in Werder an der Havel niedergelassen, auch wenn er gerne noch dichter am kirchlichen Geschehen dran geblieben wäre, um helfend zur Seite zu stehen. Es fällt ihm schwer, sein erfülltes Pfarrerdasein hinter sich zu lassen. Aber ganz ins Private will er sich nicht zurückziehen, sondern zur Verfügung stehen, wenn er gebraucht wird. Dabei soll jedoch seine große Familie jetzt mehr Gewicht erhalten. »Ich habe keine Angst vor Langeweile!«

Er blickt versöhnlich auf ein Leben zurück, das am 6. März 1939 in Hohendorf Kreis Habelschwert in der Grafschaft Glatz begann, als vorletztes von acht Kindern. Die Vertreibung 1946 ist ihm auch deswegen in Erinnerung geblieben, weil ihn das Gottvertrauen auseinandersetzen.« Doch er entscheidet sich, den Weg weiterzugehen, und so wird er am 28. Juni 1964 durch Kardinal Bengsch in St. Hedwig mit zwei Mitbrüdern zum Priester geweiht.

Es ist ihm bewusst, dass er mit dieser Entscheidung auch auf manches verzichtet, aber »jedes Leben erfordert Verzicht, weil man nicht immer alles Glück auf seiner Seite haben kann. Auch die Ehe ist mit Verzicht verbunden, und manche Eheleute haben mal die Sehnsucht, unabhängig zu sein, so wie Priester auch mal Sehnsucht, nach enger Partnerschaft haben.«

Jede Berufung hat ihre Last und ihre Chance. Jeder Mensch muss die Chance seiner Berufung wahrnehmen und kann so glücklich werden. Für den Priester ist es die Aufgabe, in der besonderen Nachfolge Jesu Gott und den Menschen zu dienen. Darin findet er sein Glück.« Und das in dieser »gottlosen« Zeit? »Eine gottlose Zeit gibt es nicht, höchstens eine gottvergessene Zeit. Gott lässt uns nicht los, auch wenn wir manchmal vor ihm davonlaufen.«

»Außer meinen Sünden habe ich nichts zu bereuen.«

seiner Mutter beeindruckte, trotz aller Verdächtigungen und Repressalien. Junge Männer standen unter Generalverdacht, so auch sein mittlerweile verstorbener ältester Bruder, der erst 1954 aus dem polnischen Zuchthaus entlassen wurde.

Nach der Vertreibung fand der Vater Arbeit im Süden von Berlin. Da er Waldarbeiter war, wohnten sie zuerst in einer Försterei bei Wünsdorf. »Holz hatten wir genug – nur zu wenig zu essen.«

Auf das Studium der Theologie wurde er aufmerksam durch seinen zweitältesten Bruder, der sich in Bonn bei den Redemptoristen auf den Weg zum Priesterdienst machte, allerdings das Studium abbrach und wieder seinen ursprünglichen Beruf als Tischler aufnahm. Es war der damalige Blankenfelder Pfarrer, der Rupprecht dazu ermutigte, ins Vorseminar nach Schöneiche zu gehen. »Während des Studiums verlief mein Weg äußerlich geradlinig, innerlich jedoch musste ich mich mit vielen Zweifeln und Fragen

Während seiner ersten Kaplansstelle in der Pfarrei St. Maria Magdalena, Berlin-Niederschönhausen, prägte ihn Pfarrer Kurt Grunschewski. »Er hatte einen familiären Stil und ein lebendiges Pfarrhaus. Auch als ich später Pfarrer wurde, habe ich immer für eine Gemeinschaft gesorgt.« Bereits zwei Jahre später kam er nach Prenzlauer Berg nach Heilige Familie, wo er bald als Kaplan auch für die Nachbargemeinde St. Augustinus zuständig war.

Leiter des Jugendhauses unter den Bedingungen des »realexistierenden Sozialismus«

In diesen fünf Jahren war er ebenfalls Dekanatsjugendseelsorger. Vielleicht auch deswegen beauftragte ihn Kardinal Bengsch mit der Leitung des Christian-Schreiber-Hauses in Alt-Buchhorst, kurz »AB« genannt. In der Nachfolge von Helmut Graefe war er dort fast zehn Jahre tätig, obwohl er es sich zu Beginn nicht zugetraut hatte. In AB hatte er genug Aufgaben, er war Pfarrer der Kuratie in AB, Rektor, Religionslehrer in der katholischen Krankenpflegeschule in Berlin-Friedrichshagen und Dekanatsjugendseelsorger. »Die Zeit im Jugendhaus war durch den Ausbau des Hauses geprägt unter den Bedingungen des real-existierenden Sozialismus.« Es wurden das Haupthaus und die Kapelle fertiggestellt; die Kapelle in enger Zusammenarbeit mit dem Künstler Werner Nickel. Es war schwer, überhaupt an Baumaterial zu kommen. Da war viel Organisationstalent gefragt. Damals gab es ein intensives Kursgeschehen in AB, das stark nachgefragt wurde. »Alt-Buchhorst war ein Brennpunkt für junge Leute aus dem Ostteil des Bistums Berlin.« In dieser Zeit musste man immer auch an die politischen Umstände denken, Bespitzelungen und Schikanen von staatlichen Stellen waren an der Tagesordnung. Als Leiter des Jugendhauses versuchte Rupprecht durch frühzeitige Informationen der Kursteilnehmer Gefahrensituationen zu vermeiden.

1980 schickte Bischof Meisner ihn nach Berlin-Biesdorf Nord, wo aufgrund der Neubebauungsprojekte am Berliner Stadtrand eine große Gemeinde entstand, »Maria Königin des Friedens«. Hier galt es, eine bestehende Siedlungsgemeinde mit einer neuwachsenden zusammenzubringen – damals gehörte auch noch ganz Berlin-Marzahn mit zu Rupprechts Gemeinde. Eine neue Kirche und ein Gemeindezentrum mussten her und so entstand der erste Berliner LIMEX-Bau, Kirchbauprojekte in der DDR bezahlt durch westdeutsche Devisen, gefolgt von »Zum Guten Hirten«, »Verklärung des Herrn« und »Heilig Kreuz«.

werben. Auch wenn er stets ein positives Bild von Brandenburg hatte, hätte er die frisch zusammengeführte Gemeinde gerne noch beim Heranwachsen seelsorgerisch begleitet. »Ich hatte ein bisschen Erfahrungen im Leiten, in der Gemeindeseelsorge und in Bauangelegenheiten, all das kam dann in Brandenburg zusammen.« Denn es gab mit seiner Ankunft vieles zu sanieren und zu erneuern. Seine neue Gemeinde hatte Selbstbewusstsein nach dem Motto: »Wir sind eine gute Gemeinde – mal sehen, ob der Pfarrer auch gut ist«, so erinnert er sich – sinngemäß – an die Begrüßung durch den Vorsitzenden des Pfarrgemeinderats. Mit seiner pastoralen Art, seinem »Auf-die-Leute-Zugehen«, hat er es geschafft, alle anstehenden Projekte gemeinsam mit den Gemeindemitgliedern anzugehen und zu bewältigen. So konnte auch die Dreifaltigkeitskirche baulich noch einmal überarbeitet werden, sodass die ursprünglichen Strukturen sichtbar wurden. Auch um neue Fenster hat er sich gekümmert, damit sich die Kirche in neuem Licht zeigt. Diese modernen Fenster, die von dem englischen Künstler Graham Jones entworfen und von der Glasbaufirma Derix 2006 fertiggestellt wurden, sind mittlerweile über Brandenburg hinaus berühmt. Es war schon eine Besonderheit, dass man in Zeiten klammer Kassen eine Ausschreibung für neue Kirchenfenster machen und einen international so bedeutsamen Künstler gewinnen konnte.

Als Pfarrer Rupprecht nach Brandenburg kam, hatte er zeitweise vier Pfarrgemeinden zu betreuen,

»Alt-Buchhorst war ein Brennpunkt für junge Leute aus dem Ostteil des Bistums Berlin.«

Gemeinsam mit dem ihm zur Seite gestellten Kaplan gelang es, eine neue Gemeinde aufzubauen mit vielen Gläubigen aus den Innenstadtgemeinden, die mit ihren Familien in die neu entstandenen Wohnungen zogen oder aus anderen Teilen der DDR, und den Alteingesessenen. Hier waren Fingerspitzengefühl und Zusammenführungsarbeit gefragt. Nebenbei blieb ihm die Tätigkeit an der Krankenpflegeschule erhalten, in der er drei Kurse begleitete. »Es hat mir Spaß gemacht, doch ich war schon bis zum Anschlag ausgebucht.«

Nach nur fünf Jahren sollte er auf Biesdorf verzichten und sich um Brandenburg an der Havel be-

sodass er bereits 1993 für eine Fusion der Gemeinden in der Stadt Sorge trug und somit die Gemeinden St. Bernhard, St. Elisabeth und Dreifaltigkeit in einer Struktur aufgingen. Lediglich Lehnin-Jeserig, deren Betreuung er auch seit seinem Antritt innehatte, kam später 2005 noch hinzu. Als Pfarrer aller Gemeinden verlief jedoch die Fusionierung ziemlich reibungslos. Von ehemals ca. 3.500 Gläubigen gibt es heute noch gut 2.700 Mitglieder. Der erfahrene Pfarrer erklärt diesen Rückgang mit dem Bürgerschwund in Brandenburg – nichts Ungewöhnliches jenseits der Großstädte. Aber auch damit, dass die Kirche für viele nicht mehr die politische Lücke füllen muss.

Am Wendegeschehen der späten 1980er und frühen 1990er war auch die katholische Gemeinde in Brandenburg wesentlich beteiligt. Gemeinsam mit der evangelischen Domgemeinde fand wöchentlich im Wechsel zwischen dem Dom und der Dreifaltigkeitskirche das »Gebet für unser Land« statt, analog zu den Friedensgebeten in anderen Städten der DDR. Nach dem dritten oder vierten Friedensgebet in der Dreifaltigkeitskirche gingen alle gemeinsam mit Kerzen in der Hand durch das Stadtzentrum zur St. Gotthart-Kirche. Bei dieser ersten friedlichen Demonstration war die Stimmung durchaus angespannt: Wie würden die Staatsorgane auf die Friedensmärschler reagieren? Man verständigte sich auf einen Verhaltenscodex und so kamen die gut 1.000 Menschen ohne Beeinträchtigungen an ihr Ziel. Die Initiatoren der Friedensgebete und Demonstrationen riefen auch den Runden Tisch für die Stadt Brandenburg ins Leben. Moderatoren waren die Dompastorin Cornelia Radecke und der damalige Brandenburger Kaplan Bernd Krause. Bis zur ersten freien Wahl war der Runde Tisch an der politischen Neugestaltung in der Havelstadt beteiligt und somit auch viele Brandenburger Christen. In der neugewählten Stadtverordnetenversammlung engagierten sich dann mehr Katholiken. Rupprecht erklärt sich dies mit der Tatsache, dass mehr evangelische Christen einen dritten Weg mit einer gleichberechtigten DDR befürworteten. In seinen Augen war der Weg der katholischen Kirche in der DDR in der Rückschau der pragmatischere, der die Katholiken zusammenrücken ließ. »Es gab in der DDR auch viel Solidarität – doch auch in einem Gefängnis gibt es das unter den Gefangenen, und dennoch ist es nicht normal, in einem Gefängnis zu leben. Die Freiheit ist das Richtige, sie ist eine Aufgabe, und so ist es manchmal schwerer, in Freiheit zu leben.« (KM)

Pfarrer Richard Rupprecht, geb. 1939 in Hohndorf (heute Tschechien), Priesterweihe 1964, zuletzt Pfarrer von Heilige Dreifaltigkeit in Brandenburg an der Havel, seit 2010 im Ruhestand in Werder an der Havel.

Unterwegs mit meinem Herrn

Sr. **Ruth Lagemann** CN

— *Schwester Ruth, Sie haben zehn Jahre in Berlin gelebt, mitten im Kiez mit seinen Hartz-IV-Empfängern und Großstadt-Bohemiens, bunten Punks und Öko-Freaks. Wie sehen Sie Berlin, ist es eine »Stadt ohne Gott«?*

Gott an allen Ecken begegnen

SR. RUTH: Keineswegs! Für mich war seit meiner ersten Begegnung mit Berlin im Mai 1989 klar, dass diese Stadt ein ganz besonderer Ort ist. Eine durch die ältere und jüngere Geschichte verwundete Stadt, doch deswegen ein Ort, den Gott besonders liebt, ein Ort, der gerade aufgrund seiner Erfahrungen von

»… ein Ort, den Gott besonders liebt«

Gewalt und Verfolgung, von Krieg und Spaltung eine besondere Rolle spielen kann für die innere wie äußere Heilung und Versöhnung.

Für mich ist diese Stadt wie keine andere ein Symbol von Einheit, die möglich ist – nicht zuletzt durch die Kraft des Gebets. Ich liebe es, durch die Straßen Berlins zu gehen und Gott an allen Ecken zu begegnen: auf den Gesichtern von alten und jungen Menschen in der U-Bahn, in den Mauerspuren und »Stolpersteinen«, in der Kapelle der Versöhnung in der Bernauer Straße, im Kreuz auf dem Fernsehturm am Alexanderplatz, dem Holocaustmahnmal, dem offenen Himmel der Reichstagskuppel, im Berliner Dom, in den Krankenhäusern und Gefängnissen der Stadt, in der St. Hedwigs-Kathedrale und an allen Orten, die zum Gebet einladen und ermutigen.

— *Die Sinus-Milieu-Studie hat gezeigt, dass die Kirche nur noch wenige Milieus mit ihrer Botschaft erreicht. Wie verstehen Sie den missionarischen Auftrag, zu allen Menschen zu gehen, also auch zu denen, die einem suspekt erscheinen oder deren Lebensstil befremdet?*

SR. RUTH: Wären Jesus und seine Jünger nicht bereit gewesen, gerade zu denen zu gehen, die aufgrund ihrer Lebensweise oder Herkunft anders waren, dann wäre die gute Nachricht der bedingungslosen Liebe Gottes für die Welt wohl nie bis zu uns gekommen. Ich bin fasziniert von Menschen, die die Liebe zu Jesus erfinderisch macht und die neue Wege finden, seine Botschaft weiterzutragen – zum Beispiel durch offene Kirchen, einladende Veranstaltungen, Kiezfeste, Nachbarschaftshilfe, Freundschaften. Wir »großen Kirchen« dürfen da einiges von freien Gemeinden lernen.

Wir haben mit unserer Gemeinschaft und in der Pfarrei Herz Jesu in Prenzlauer Berg sehr gute Erfahrungen mit »Alphakursen« gemacht, die aus der anglikanischen Kirche stammen; Kardinal Sterzinsky hat uns dazu sehr ermutigt: zehn Abende über Grundfragen des christlichen Glaubens, die mit einer leckeren Mahlzeit in guter Atmosphäre beginnen, Raum für Zweifel, Fragen und Diskussionen lassen und Kirche als frohe christuszentrierte Gemeinschaft erfahrbar machen. In Erinnerung bleibt mir ein Abend, zu dem ein Obdachloser kam, der uns in der freien Gebetszeit mit seinen einfachen Worten überraschte: »Jesus, es ist so super mit Dir. Zu Dir darf sogar so ein Dreckskerl wie ich kommen!«

Ein »Gebetsnetz« wird geknüpft

— *Sie sind im Erzbistum bekannt als Schwester der Geistlichen Gemeinschaft Chemin Neuf und als Leiterin des Ökumenischen Zentrums Net for God in St. Adalbert in der Torstraße. Woraus wird es geknüpft, dieses »Netz für Gott«?*

SR. RUTH: Das »Net for God« entstand – für uns überraschend – bei einem Vortreffen zum Weltjugendtag 2000 in Rom. Dazu hatte Chemin Neuf rund 6.000 junge Christen verschiedener Konfessionen eingeladen. Nach dem Treffen fragten uns die jungen Menschen: »Wie können wir diese internationale und ökumenische Erfahrung des Gebets und Austauschs zuhause weiter vertiefen?« Ein Text von Abbé Paul Couturier, dem Mitinitiator der Gebetswoche für die Einheit der Christen, fiel uns wie eine Antwort in die Hände: 1944 hatte er zu einem »Gebetsnetz« für die Einheit der Christen aufgerufen. Das sprach uns an, und wir luden junge Christen ein, sich in diesem Netz – mithilfe moderner Kommunikationsmittel wie Internet und Video – zu engagieren. Diese Einladung stieß auf eine große, Generationen übergreifende Nachfrage. Inzwischen hat das Netz »Knotenpunkte« in über 60 Ländern. Das Ökumenische Zentrum in Berlin-Mitte ist da nur eine kleine Niederlassung. Mich hat dabei eine Geschichte betroffen gemacht, die ich erst nach Gründung des Zentrums 2004 erfuhr: Viele Jahre vor uns gab es am gleichen Ort eine Niederlassung der Fokolar-Bewegung. Eine der ersten Fokolarinnen, die aus Italien in die DDR gekommen war, soll über lange Zeit täglich betend durch die Straßen gegangen sein mit der Bitte, dass in der Berliner Mitte Menschen vom Anliegen der Einheit angerührt würden. Für mich ist der Anstoß, das Ökumenische Zentrum zu beginnen, auch eine Frucht des Gebetes

Christen, Ländern, Familien und in der eigenen Person zu beten und zu arbeiten. Insofern sind wir ignatianisch-charismatisch-ökumenisch.

Wahrheitssuche im Fremden

—— *Sie selbst sind bekennende evangelische Christin. In der von ihrer Entstehung her katholisch geprägten Gemeinschaft Chemin Neuf müssen Sie möglicherweise auch die eine oder andere Sorte »Weihrauch« einatmen, die Ihnen nicht so wohltuend in die Nase steigt. Oder gibt es kein »Fremdeln« mehr zwischen christlichen Geschwistern?*

Sr. Ruth: Sie werden lachen: Früher hatte ich wirklich beinahe eine Weihrauch-Allergie, heute liebe ich den Geruch. Manches, was mir von außen her erst fremd erschien, durfte ich mit der Zeit von innen her entdecken und nach und nach respektieren und lieben lernen.

»Gebet knüpft unsichtbare Netze …«

dieser Schwester aus der etwas älteren »Schwestergemeinschaft«. Gebet knüpft unsichtbare Netze und setzt Dinge in Bewegung – auch noch über unsere Zeit hinaus.

Ebenso sprach mich die Frage eines katholischen Mitchristen an, der mir vom Aufruf Kardinal Bengschs nach dem Mauerbau 1961 erzählte, alle Christen in der Stadt sollten täglich mittags beim Glockenläuten für die Einheit der Stadt und des Landes beten. »Und«, sagte mir der Bruder, »in der Nacht des 9. November 1989 haben wir gesehen, dass die Gebete Frucht getragen haben. Sollten wir nicht auf die gleiche Art für die Einheit der Christen beten?«

—— *Könnte die Spiritualität von Chemin Neuf mit dem Begriff »Mystik im Alltag« charakterisiert werden?*

Sr. Ruth: »Gott in allem suchen und finden«, so drückte es Ignatius von Loyola, der Gründer des Jesuitenordens, aus, dem wir einen Teil unserer Spiritualität verdanken. Verbindliches Christsein, das nicht nur im Kloster, sondern auch mitten in der Stadt, im Alltag lebbar ist. Wir möchten Menschen bei der Suche nach Gottes Spuren im Alltag helfen und Raum zur Begegnung mit Gott ermöglichen. Dankbar sind wir ebenso den Aufbrüchen der Charismatischen Erneuerung, die uns ermutigen, mit dem Wirken des Heiligen Geistes und seinen Überraschungen zu rechnen. Die dritte Säule unserer Spiritualität liegt im Anliegen, für Einheit und Versöhnung unter

Das heißt jedoch nicht, dass ich alles Katholische fraglos annehme. In Verschiedenheit miteinander zu leben und zu beten, lässt manche Unterschiede klarer erscheinen, eröffnet aber ebenso die Chance, mich hinterfragen zu lassen, meinen Horizont zu erweitern und gerade in kirchlich-theologischen Fragen das mir so liebe »semper reformanda« hautnah zu erleben. Ignatius von Loyola ermutigte seine Schüler, bei Diskussionen und Meinungsverschiedenheiten zunächst »die Meinung des anderen zu retten«, das heißt zu überlegen, welche Wahrheit in dem mir fremd Erscheinenden steckt. Dietrich Bonhoeffer drückte diese Haltung so aus: »Christus im Bruder ist immer größer als Christus in mir.«

—— *Die Pfarrei Herz Jesu in Berlin-Prenzlauer Berg, die von der Gemeinschaft Chemin Neuf geleitet und begleitet wird, gedeiht: Junge Familien und junge Erwachsene, Akademiker, Künstler und Lebenskünstler, Menschen auf Sinnsuche prägen das Gemeindebild. Was wirkt so anziehend, dass sie gerade an diese Kirchentüren klopfen?*

Sr. Ruth: Das müssten Sie eigentlich diese Menschen fragen. Persönlich habe ich oft scherzhaft gesagt, dass Herz Jesu der beste und schönste Ort in Berlin ist. Nicht aufgrund der »Schönheit« dieser Kirche, sondern weil es ein Ort ist, an dem Menschen dem Herzen Jesu, der bedingungslosen Liebe und Barmherzigkeit Gottes begegnen können. Die große Christusfigur über dem Hochaltar ist da für

Sr. **Ruth Lagemann**

»In Verschiedenheit miteinander zu leben und zu beten, lässt manche Unterschiede klarer erscheinen, eröffnet aber ebenso die Chance, mich hinterfragen zu lassen, meinen Horizont zu erweitern …«

mich zum Sinnbild geworden: Christus steht dort mit weit offenen Armen und empfängt mit fröhlicher Leichtigkeit, beinahe tanzend einen jeden, der in die Kirche kommt. »Kommt her zu mir alle, die ihr mühselig und beladen seid« steht darüber, leider nur in Latein.

Einladung zum Fest des Glaubens

Viele Menschen haben in dieser Kirche schon gebetet, viele haben in schwieriger Zeit um ihres Glaubens willen manches riskiert. Zufluchtsort war die Kirche für Ostpreußen und Schlesier, die ihre Heimat verloren hatten und nach Berlin flohen. Dr. Margarete Sommer arbeitete in den Räumlichkeiten von Herz Jesu und ermöglichte manchen gefährdeten Juden Ausreise und Überleben. Trotz Überwachung durch das Ministerium für Staatssicherheit suchten in den Jahren der DDR-Diktatur viele Menschen Zuflucht in der Pfarrei. Und auch heute sind wir sehr dankbar, dass Menschen für sich persönlich diese einladende Liebe entdecken dürfen, etwa durch familienfreundliche Sonntagsgottesdienste, tägliche Gebetszeiten, die Alphakurse, bei Versöhnungsfeiern und hoffentlich auf immer wieder neuen Wegen, um zum »Fest des Glaubens« einzuladen.

—— *Von Maria gilt, ihr Lebensweg sei der Weg eines jeden Christen. Für Maria beginnt der Weg mit der Anfrage des Engels und ihrer positiven Antwort darauf. Was war in Ihrer Biografie die »Initialzündung« für Ihr bedingungsloses Ja zu Gott?*

Sr. Ruth: Das Wort »Zündung« gefällt mir, und wenn ich auf mein Leben zurückschaue, waren es oft Worte aus der Bibel, die mich »angesteckt« und etwas in Bewegung gesetzt haben. Bei Maria reichte ein Wort; ich brauchte drei:

Bei meinem ersten Besuch in Berlin im Mai 1989 war ich erschüttert von der Konfrontation mit der Berliner Mauer. Mitten in der Nacht wurde ich mit dem Text aus Johannes 17 wach: »Vater, mach sie eins, damit die Welt glaubt«. Mir wurde es da zum Herzensanliegen, etwas dazu beitragen zu können, dass die noch bestehenden Mauern fallen können. Dieser Text ließ mich nicht mehr los.

Wochen später begegnete mir in Markus 10 die Geschichte vom »reichen Jüngling« neu. Obwohl ich den Text oft gehört hatte, war es mir an diesem Tag, als seien die Worte an mich gerichtet: »Jesus schaute ihn an, gewann ihn lieb und sagte: Eines fehlt dir noch: Geh hin, verkauf, was du hast und gib das Geld den Armen. Dann komm und folge mir nach.« Mein materieller Reichtum war nicht gerade umwerfend, doch mein Herz hing an einigen anderen »Gütern« – an Freunden, Ausbildung, Familie zum Beispiel. Ich fühlte innerlich, wie Gott mich einlud, dies alles loszulassen, um ihm nachzufolgen. Zunächst gab es einen Kampf: Warum all das loslassen?

Ist es nicht möglich, auf den gewohnten Wegen zu bleiben? In meinem innerlichen Diskutieren mit Gott schlug ich die Tageslosung auf und las: »Und der Herr sprach zu Abram: Geh aus deinem Vaterland und von deiner Verwandtschaft und aus deines Vaters Hause in ein Land, das ich dir zeigen will« (Gen 12,1). Und so ging ich und bleibe unterwegs mit meinem Herrn – als evangelische Schwester in einer katholischen Gemeinschaft, ehelos bleibend für das Reich Gottes. (JB)

Sr. Ruth Lagemann CN, geb. 1967 in Münster-Hiltrup, Nach dem Abitur Freiwilliges Auslandsjahr in der »Arche« von Jean Vanier, Ausbildung zur Diakonin und Heilpädagogin, Studienjahre in der Geistlichen Gemeinschaft Chemin Neuf (CN) in Frankreich, seit 1989 in dieser Gemeinschaft tätig.

Die Menschen müssen sich einmischen

Bernd Streich · *Diözesanrat*

— *Bernd, dein Leben ist mit der Kirche aufs Engste verbunden. Im Beruf und in der Freizeit bist du in ihr und für sie aktiv. Was bedeutet Kirche für dich?*

BERND STREICH: Ich bin in einer katholischen Familie aufgewachsen und war von Kind an eng mit dem Leben in einer Pfarrgemeinde verbunden. Dort konnte ich mich entfalten. Ich habe Kirche als Freiheitsraum erfahren. Später habe ich in der Enzyklika »Redemptor Hominis« gelesen: »Der Weg der Kirche ist der Mensch.« Dies deckte sich mit meinen Erfahrungen von Kirche als Gemeinschaft. Mit der Kirche verbindet sich für mich aber auch eine Erfahrung der Nähe Gottes. Die Kirche ist ein wunderbares Geschenk an die Menschen, eine Gnade. Dafür bin ich dankbar.

— *Du bist Vorsitzender des Sachausschusses »Ökumene und interreligiöser Dialog« des Diözesanrates, des Fördervereins des Ökumenischen Rates Berlin-Brandenburg und katholischer Vorsitzender der Gesellschaft für Christlich-Jüdische Zusammenarbeit (GCJZ) in Berlin. Die Liste ist nicht vollständig, aber sie zeigt: Ökumene und interreligiöser Dialog liegen dir am Herzen.*

Zusammenarbeit auf Augenhöhe

BERND STREICH: Die Ökumene hat im Laufe meines Lebens immer mehr Bedeutung erlangt. In meiner Studienzeit haben wir in den evangelischen und katholischen Studentengemeinden viel ökumenisch zusammengearbeitet. Später als Bausoldat habe ich mit Christen aus verschiedenen Konfessionen auf engem Raum zusammengelebt. Dabei erfuhr ich viel von ihrem Glauben; seit dieser Zeit lese ich übrigens auch die evangelische Kirchenzeitung. Die ökumenische Zusammenarbeit in der DDR hat mich stark beeinflusst. Sie war einfach selbstverständlich. So habe ich mich in der Umbruchzeit auch dafür eingesetzt, die Ökumene und den interreligiösen Dialog in der Satzung des Diözesanrates zu verankern. Ich glaube, es gibt keinen verantwortbaren christlichen Glauben, der nicht ökumenisch ist. Eine gespaltene Christenheit entspricht nicht der Botschaft Jesu Christi, sie schadet der Glaubwürdigkeit der Christen.

In der Gesellschaft für Christlich-Jüdische Zusammenarbeit arbeiten Christen und Juden auf gleicher Augenhöhe seit Jahrzehnten zusammen. Dies ist wichtig angesichts unserer Geschichte, sowohl der deutschen als auch der Kirchengeschichte. Wir Christen sind ohne Juden nicht denkbar. Jesus und die Apostel waren Juden. Dies haben wir Christen über Jahrhunderte verdrängt.

— *Du vertrittst unser Bistum im Islamforum Berlin und organisierst für den Diözesanrat Dialogveranstaltungen mit der islamischen Organisation DITIB. Warum trittst du in einer Zeit, in der Muslime von vielen kritisch beäugt wer-*

»Ich habe Kirche als Freiheitsraum erfahren.«

den, so selbstverständlich für eine Intensivierung der Begegnungen zwischen Christen und Muslimen ein?

BERND STREICH: Ich habe die Auseinandersetzung zwischen Glaubenden und Nicht-Glaubenden, zwischen Atheisten und Christen kennengelernt. Dies schärft den Blick für alle Glaubenden, auch für die Muslime, die mit uns Christen im Glauben an den einen Gott verbunden sind und – wie übrigens auch die Juden – Abraham als ihren Stammvater ehren. In der Erklärung Nostra Aetate fordern die Konzilsväter uns ausdrücklich dazu auf, uns aufrichtig um gegenseitiges Verstehen zu bemühen und für gemeinsame Werte einzutreten. Das ist für mich Richtschnur. Es gibt keine Alternative zum Dialog zwischen den Religionen. In Berlin leben Christen und Muslime gemeinsam unter einer Mehrheit von Nichtgläubigen. Aber wir sind uns einander in vieler Hinsicht noch sehr fremd. Da ist es doch selbstverständlich, dass wir danach streben, uns gegenseitig besser kennenzulernen und das Gespräch miteinander zu suchen.

— *In der DDR hast du deinen Wehrdienst als Bausoldat abgeleistet und Pax Christi mitgegründet. Du warst Kreisvorsitzender der Christlich-Demokratischen Arbeitnehmerschaft (CDA) in Marzahn-Hellersdorf und hast dich auch in der Landespolitik engagiert. Du bist u.a. ehrenamtlicher*

Richter am Arbeitsgericht und Mitglied der Katholischen Arbeitnehmerbewegung (KAB). Was ist der Hintergrund für dein Bemühen, im sozial- und friedenspolitischen Bereich Akzente zu setzen?

Option für die Armen

BERND STREICH: Mein friedenspolitisches Engagement ist sehr eng verbunden mit Erfahrungen in der DDR, wie der Militarisierung in fast allen Bereichen der Gesellschaft, und entspringt andererseits der Auseinandersetzung mit den Themen Gewalt und Gewaltlosigkeit im Kontext der christlichen Botschaft und im Angesicht politischer Realitäten. Mit meiner Entscheidung für den Dienst als Bausoldat wollte ich ein Zeichen setzen.

Später war ich meinen Eltern sehr dankbar für ihre konsequenten Entscheidungen. Sie haben mir geholfen, meinen Weg zu finden und eigene Entscheidungen auf der Grundlage meines christlichen Glaubens zu treffen. Das hatte natürlich Konsequenzen, die ich tragen musste, etwa bei der Suche nach einer Ausbildung, als ich zur gewünschten Facharbeiterausbildung mit Abitur nicht zugelassen wurde. Schließlich konnte ich an der Abendschule das Abitur nachholen. Auch der ersehnte Studienplatz für Mathematik wurde mir verwehrt und ich habe nur über Umwege die Zulassung zum Studium der Informationsverarbeitung in Dresden erlangen können. An der Hochschule war ich dann vermutlich der Einzige, der nicht in der FDJ war. Die Entscheidung für den Dienst als Bausoldat

»Raushalten geht nicht!«

In der Katholischen Studentengemeinde in Ostberlin hatten wir seit Anfang der 80er Jahre den Arbeitskreis »Versöhnung und Frieden«, der Verbindungen zu Pax Christi International unterhielt. Auch die Auseinandersetzung mit Fragen der Befreiungstheologie in diesen Jahren hat für mich eine wichtige Rolle gespielt.

Das Interesse und die Beschäftigung mit sozialen Themen sind bei mir anders grundgelegt. Ich bin in einer Familie mit sechs Kindern in Prenzlauer Berg aufgewachsen. Schon allein dadurch wurde ich für manche Fragestellung sensibilisiert. Politisches Engagement ist aus meiner Sicht immer Einsatz für Menschen, für eine gerechte Gestaltung unserer Gesellschaft. Die »Option für die Armen« ist auch für die Menschen hierzulande und insbesondere für die Christen bedeutsam. Sie ist ein Aspekt der christlichen Nächstenliebe. Raushalten geht nicht!

Christsein in der DDR

— Du bist in der DDR aufgewachsen und hast dich der herrschenden Ideologie verweigert. Als Christ hast du dich bewusst gegen eine Mitgliedschaft in der »Freien Deutschen Jugend« (FDJ) und anderen vom SED-Regime gesteuerten Organisationen entschieden. Welche Auswirkungen hatte das auf deine schulische und berufliche Entwicklung?

BERND STREICH: Weil ich am Anfang meiner Schulzeit nicht »Junger Pionier« wurde, konnte ich an etlichen Veranstaltungen in der Schulklasse nicht teilnehmen. Diese Ausgrenzung hat anfangs sehr weh getan.

hatte sofort Personalgespräche im Betrieb zur Folge. Aus den Akten der Staatssicherheit weiß ich, dass ich seit 1973 überwacht wurde. Mein kirchlicher Dienst führte sofort auch zur Überwachung meiner Frau.

— In der Zeit des gesellschaftlichen Umbruchs Ende der 80er und Anfang der 90er Jahre standest du mitten im Geschehen. Du hast 1988/89 die Ökumenische Versammlung in Dresden und Magdeburg aktiv begleitet. Ende 1989 wurdest du zum Vorsitzenden des ersten Diözesanrates im Ostteil des Bistums Berlin gewählt. Außerdem hast du die Katholische Akademie in Berlin mit gegründet. Wie hast du diese Zeit persönlich erlebt?

BERND STREICH: Die Zeit in der 2. Hälfte der 80er Jahre habe ich sehr intensiv erlebt. Sie war geprägt von Unruhe und Engagement unter konspirativen Bedingungen, aber auch von Hoffnung. So kam es zur Gründung von Initiativen, z. B. des Katholischen Gesprächsforums Berlin, und der Suche nach Verbündeten. Später spielte für mich dann die Arbeit am Zentralen Runden Tisch der DDR eine besondere Rolle, an dem ich als ein Vertreter der katholischen Laieninitiative teilnahm. Im Jahr 1990 begleitete ich die Zusammenführung der beiden Diözesanräte in unserem Bistum, und schließlich wurde ich zum ersten Vorsitzenden des zusammengeführten Diözesanrates gewählt. Das hat mich damals sehr bewegt, dass ich als »Ostler« erster Vorsitzender eines solchen Gremiums wurde. Diese Zeit war auch geprägt durch wichtige Veränderungen in meiner Familie. Die Kinder kamen in die Schule, unsere beruflichen Felder

mussten neu gestaltet werden, der Alltag erhielt einen neuen Rhythmus.

Starkes Fundament des Glaubens

— *Das Engagement in Gremien der katholischen Laienarbeit hat für dich seit vielen Jahren große Bedeutung – ob als Vorsitzender des Diözesanrats, als Mitglied im Zentralkomitee der deutschen Katholiken, im Vorstand und in den Sachausschüssen des Berliner Diözesanrates. Was motiviert dich für diese Tätigkeit?*

BERND STREICH: Mein Engagement ist nur möglich auf einem starken Fundament des Glaubens. Für dieses Geschenk bin ich dankbar, ebenso für alle Menschen, mit denen ich zusammen unterwegs war und bin. Mein Glaube ist die Motivation für meine Tätigkeit. Die Christen sind ein wanderndes Volk und sie haben eine frohe Botschaft im Gepäck. Diese Botschaft möchte den Einzelnen stärken und ermutigen. Ich will, dass dies gelingt, und möchte dazu beitragen. Ich glaube, wir sind noch dahin unterwegs.

— *Du bist an der Katholischen Hochschule für Sozialwesen in Berlin-Karlshorst in der Verwaltung und in der Hochschulleitung tätig. Welche Rolle spielen für dich die Beziehungen zu Studierenden?*

BERND STREICH: Meine eigenen Studienzeiten in Dresden und später in Erfurt haben mich geprägt. Ich habe in diesen Zeiten viel Weite erlebt. Ich kenne aber auch Phasen der Verunsicherung, die gerade in der Studentenzeit aufbrechen, Zeiten der Suche, des sich selbst Hinterfragens und der Orientierung, auch der Bedrängnis. Vor dreißig Jahren habe ich in der damaligen Katholischen Studentengemeinde in Ostberlin Studentinnen und Studenten begleitet. Damals waren Bildungsarbeit und Seelsorge in meiner Arbeit besonders intensiv. Heute kümmere ich mich mehr um die Rahmenbedingungen des Studiums. Ich wünsche den heutigen Studierenden mehr Mut, eigene Wege zu gehen. Die Studienzeit ist eine Zeit der Chancen – auch wenn man dies erst rückblickend feststellt.

Ermutigung und Teilhabe

— *Du bist Ehemann und Vater von zwei inzwischen erwachsenen Kindern. Wie ist es dir gelungen, Familienleben und berufliche sowie ehrenamtliche Tätigkeit so zu koordinieren, dass deine Familie nicht zu kurz kam? Welche Bedeutung hat Familie für dich?*

BERND STREICH: Die Familie ist neben dem Glauben für mich das Wichtigste. Ein so intensives Engagement ist nur im Einvernehmen mit der Familie möglich. Deshalb bin ich dankbar dafür, dass für meine Familie, für Angelika und für unsere Kinder Juliane und David, vieles ein gemeinsames Anliegen war und ist. Da Angelika auch ehrenamtlich tätig ist, konnten wir uns viel austauschen und manches gemeinsam tragen. So war dies auch eine Bereicherung

> »Die Familie ist neben dem Glauben für mich das Wichtigste.«

für die Familie. Immerhin hat unser Engagement auch ansteckend auf unsere Kinder gewirkt.

— *Was bewegt Dich aktuell in besonderer Weise?*

BERND STREICH: Immer mehr Menschen werden scheinbar ausgegrenzt oder ziehen sich selbst zurück. Dies beobachte ich in der Gesellschaft wie auch in der Kirche, in den verschiedenen Konfessionen. Notwendig ist Ermutigung und Teilhabe. Die Menschen müssen sich einmischen. (ftn)

Bernd Streich, geb. 1953 in Berlin, EDV-Facharbeiterausbildung, Abitur auf der Abendschule, Studium der Informationsverarbeitung in Dresden, Fernstudium Theologie, Assistent in der Studentengemeinde Berlin, Studium der Theologie als Gasthörer in Erfurt, leitende Tätigkeiten in Krankenhäusern, stellv. Verwaltungsleiter der Katholischen Hochschule für Sozialwesen Berlin (KHSB), verheiratet, zwei Kinder.

Aus der Freude über die Auferstehung

Pfarrer **Bernhard Kohnke**

Eingerahmt von ausgedehnten Waldgebieten, etwa fünfzig Kilometer nordöstlich von Berlin und gut 20 Kilometer von der Oder entfernt, liegt Eberswalde. Die Kreisstadt des Landkreises Barnim ist nicht nur für die Eberswalder Würstchen und ihre Spritzkuchen bekannt. Als ehemals bedeutender Standort der Metallindustrie ist die Stadt noch heute wirtschaftliches Zentrum der Region, aber auch Ausgangspunkt touristischer Unternehmungen zwischen Schorfheide und Schiffshebewerk Niederfinow. Die 1830 hier eröffnete Königliche Forstakademie hat sich zur anerkannten »Hochschule für nachhaltige Entwicklung (FH)« gemausert. Mitte des 19. Jahrhunderts war sie u.a. ein entscheidender Grund für den Neubeginn katholischen Lebens in der Stadt und zieht auch heute Katholiken, Wissenschaftler wie Studenten an. 1866 wird der Katholik Bernhard Danckelmann Leiter der Akademie, wenig später kommt Bernard Altum nach Eberswalde. Der Priester aus Münster ist Zoologieprofessor und macht sich als bis heute bedeutender Vogel- und Insektenkundler einen Namen. Beide Westfalen haben wohl auch ihren Anteil daran, dass in den Jahren 1876/77 die neue katholische Kirche gleich neben der Forstakademie entsteht. Die Leistung dieser Männer, mitten im preußischen Kulturkampf, ist dem heutigen Pfarrer Bernhard Kohnke sehr bewusst. Er hält die Tradition des Ortes hoch, auch die Erinnerung an seinen Mitbruder Altum, über den er biografische Informationen für die Gemeinde zusammengestellt hat. »Ich heiße ja schließlich auch Bernhard, egal ob mit oder ohne H«, vergleicht er sich scherzhaft mit den beiden Forstwissenschaftlern. Seit fast zwanzig Jahren ist Bernhard Kohnke als Pfarrer von St. Peter und Paul in der Stadt, seit rund fünfzehn Jahren zudem Dekan des Dekanats Eberswalde. Beim Nachmittagstee, den er als regelmäßigen Treffpunkt mit Pfarrsekretärin und Hausmeister pflegt, offenbart er seine leicht ironische, aber keineswegs unfreundliche Art. Im Laufe des Gesprächs wird sie von geistlichem Tiefgang und einem klaren Blick für weltliche und kirchliche Strukturen mit ihren Vor- und Nachteilen nach und nach verdrängt. Es scheint auf den ersten Blick nicht schwer Bernhard Kohnke dazu zu bewegen, etwas Persönliches von sich preiszugeben. Dann erzählt er aber zuerst und vor allem vom Seelsorger seiner Kindheit und Jugend, der ihn beeindruckt und geprägt hat.

Der getreue Verwalter

Kohnke ist in seiner eigenen Pfarrei zuhause, aufgewachsen in der bis 2003 eigenständigen Kuratie St. Theresia vom Kinde Jesu in Finow, seit 1970 Stadtteil von Eberswalde. Sein Pfarrer Johannes Flatau sei ihm als sehr korrekter Mensch in Erinnerung, erzählt Bernhard Kohnke und meint damit nicht etwa einen

werk betrieb, war die Berufsausbildung mit Abitur möglich. Seine persönlichen Weichenstellungen führten ihn anschließend zum Studium an der Verkehrshochschule in Dresden.

Die Osterfeier ist wichtig

Als Ingenieurstudent begegnete er der Liturgie der Russisch-Orthodoxen Kirche, die wohl einigen Einfluss auf seine Entscheidung hatte, Priester zu werden. »Bei denen habe ich Ostern feiern gelernt«, erinnert er sich an vierstündige Nachtgottesdienste in Dresden. Da habe er begriffen, worum es eigentlich geht: »Der Grund für die Freude und unser ganzes Christsein ist doch, dass Christus auferstanden ist. Deshalb ist mir die Osterfeier so wichtig.« Die Freude über die Auferstehung Christi auch im Gottesdienst »rüberzubringen« ist sein Anliegen. »Das ist für mich nun mal die Mitte«, sagt er. Für diese Mitte wechselt er das Metier und geht nach Erfurt zum Theologiestudium. Im Sommer 1980 weiht ihn der eben in sein Amt eingeführte Bischof Joachim Meisner zum Priester. Seine seelsorgliche Tätigkeit in den nächsten Jahren findet vollständig außerhalb der Hauptstadt des Bistums statt. Drei Jahre ist Kohnke in Vorpommern als

> **»Der Grund für die Freude und unser ganzes Christsein ist doch, dass Christus auferstanden ist. Deshalb ist mir die Osterfeier so wichtig.«**

kleinlichen Pedanten oder peniblen Organisator. Der Pfarrer seiner Kindheit und Jugend wohnte zur Miete. Ein eigenes Pfarrhaus konnte erst viel später gebaut werden. Bis in die Wahl der Verkehrsmittel wirkte sich bei Flatau die persönliche Anspruchslosigkeit und das Bewusstsein, auch in der Lebensführung Vorbild zu sein, aus. Selbst entfernte Besuche machte der Priester lieber zu Fuß, aus Sparsamkeit und Statusgründen. Dabei scheute Flatau keine Mühe, um seiner Gemeinde als Priester zu dienen. »An dem Mann ist für mich deutlich geworden, was mit dem Bild des getreuen Verwalters gemeint ist«, beschreibt Bernhard Kohnke, was ihn an seinem Pfarrer beeindruckt und auf seinem eigenen Weg ins Priesteramt begleitet hat. Dieser Weg war übrigens nicht der direkte über Abitur und Studium zur Weihe. Als aktiver Katholik ging Kohnke nicht zur Jugendweihe. Der kürzeste Weg zur Hochschulreife über die Erweiterte Oberschule blieb ihm dadurch verwehrt. Bei der Deutschen Reichsbahn, die in der Stadt ein großes Ausbesserungs-

Kaplan von Salvator in Anklam, bevor er »selbstständig« wird. Als Administrator der kleinen Kuratie St. Martin in Potsdam-Bornstedt ist er gleichzeitig Seelsorger für das Potsdamer St. Josefs-Krankenhaus. Acht Mal feiert er die Ostergeheimnisse zunächst in der Bornstedter Villa, die Kirche und Pfarrhaus in einem ist, später bei den Borromäerinnen in der Krankenhauskapelle. Dann überträgt ihm Kardinal Georg Sterzinsky die Eberswalder Pfarrei. Vor zwei Jahren musste Bernhard Kohnke hier erstmals auf die Freude der Ostergottesdienste verzichten, eine schwere Erkrankung machte ihm einen Strich durch die liturgische Rechnung. In seinen seelsorglichen Überzeugungen hat diese Erfahrung den Pfarrer eines Gebiets, das flächenmäßig größer als Berlin ist, eher bestärkt.

Eigene Wege finden

Gut 2.000 Katholiken leben in seiner Pfarrei, davon knapp zwei Drittel in Eberswalde einschließlich der eingemeindeten Orte – immerhin vier Prozent der

Einwohner im Stadtgebiet. Zur Oder hin werden Bevölkerungsdichte und Katholikenzahl immer geringer. Auch dort trägt Bernhard Kohnke die Verantwortung für die früher eigenständigen Gemeinden in Bad Freienwalde und Wriezen. In diesem Gebiet, wo die Bundesrepublik endet und der Nachbarpfarrer polnisch spricht, unterstützt ihn Pfarrer Bernd Bogensberger, der als Subsidiar in Wriezen wohnt. Für die Katholiken in diesem Raum will der Dekan »treuer Verwalter der Geheimnisse Christi« sein, wie er es am Zeugnis seines Jugendpfarrers gelernt hat. Dazu gehört für ihn zuerst das, was er als »Grundversorgung« sieht und vor Ort sicherstellen will. »Das Bild von der Volkskirche stimmt hier schon längst nicht mehr, wir müssen hier eigene Wege finden«, sagt Kohnke und erinnert an die biblischen Bilder von der Stadt auf dem Berg, vom Sauerteig und vom Senfkorn. Die Erhaltung der bisherigen Gottesdienstorte steht für ihn dazu nicht im Widerspruch, sieht er doch die Gemeinde als Lebensgemeinschaft, die vor allem im Sonntagsgottesdienst erlebbar wird. Hier kommen die Gläubigen regelmäßig zusammen, kennen ihren Seelsorger und umgekehrt. Hier ist auch der Ort, an dem Kohnke aus seiner Verantwortung als Hirte heraus die Glieder seiner Gemeinde zum Zeugnis befähigen will, »in einer Umgebung, in der die christliche Luft dünner wird« und auch dort, wo der Pfarrer nur in größeren Abständen präsent sein kann. In der lebendigen Gemeinde vor Ort sieht er auch den Platz für gelebte Nächstenliebe.

Manche Initiativen der letzten Jahre, im Pfarrgebiet wie im Erzbistum, sieht er eher kritisch, wenn sie nicht von der Gemeinde mitgetragen werden können und nicht in diese zurückwirken. Ihm liegt nichts an katholischen Etiketten auf Strukturen, die nicht mit lebendigem Glauben gefüllt werden können. Die Gemeinde an ihren verschiedenen Gottesdienstorten zu erleben, mit den »Leuten, die mitmachen«, den »unterschiedlichen Typen, die sich hier versammeln, um Gottesdienst zu feiern, zu geben und zu empfangen«, das trägt den Priester Bernhard Kohnke seit gut dreißig Jahren. Mit den Menschen seiner Pfarrei möchte er den Glauben und das Leben teilen. Als Seelsorger will er ansprechbar sein für die Nöte, aber auch für die Freuden der Christen. In einer dem Glauben weitgehend entfremdeten Umwelt will er die Türen seiner Kirche, die in Kupfer getriebene Szenen aus dem Leben der Pfarrpatrone zeigen, für Menschen öffnen, die auf der Suche sind. Predigen, taufen, trauen und beerdigen: Für diesen ganz normalen, scheinbar unspektakulären Dienst als Gemeindepfarrer, der als »Grundversorgung« Christus in Wort und Sakrament zu den Menschen bringt, wünscht er sich in den notwendigen pastoralen Planungen mehr Unterstützung und Anerkennung. (mar)

»Das Bild von der Volkskirche stimmt hier schon längst nicht mehr.«

Pfarrer Bernhard Kohnke, geb. 1951 in Finowfurt, Priesterweihe 1980, seit 1991 Pfarrer von St. Peter und Paul in Eberswalde, seit 1996 Dekan.

Der Liebe Gott tut nichts wie fügen!

Pfarrer **Franz Brügger**

»Das hätte ich mir nicht träumen lassen, dass ich als Ossi mal in einer Westberliner Gemeinde wohne.« Schon seit Herbst 2006 lebt Franz Brügger im Tempelhofer Süden: im Pfarrhaus von Maria Frieden in Mariendorf. Zuvor war er 23 Jahre lang Pfarrer von Mater Dolorosa in Buch, im nördlichen Zipfel von Pankow, zudem sechs Jahre Dekan von Weißensee. »Der Abschied von Buch und den dazugehörigen Gemeindeteilen Buchholz und Gehrenberge fiel mir nicht leicht. Aber man muss wissen, wann es Zeit ist, abzutreten«, sagt der heute 74-Jährige.

Dass er seinen Ruhestand aber in Mariendorf verbringt, war nicht seine Idee. Brügger selbst hatte zunächst vor, in die Schorfheide zu ziehen, ins leer stehende Pfarrhaus von Zehdenick. Als einstiger Bauernjunge auf dem Dorf groß geworden, zog es ihn einfach nach draußen. Doch der Kardinal schlug ihm vor, eine Wohnung im Pfarrhaus von Maria Frieden zu beziehen, dort brauche man ihn, er solle es sich doch mal anschauen. Das tat er und er ist geblieben. »Hier ist es wunderbar! Das Beste, das mir für den Ruhestand passieren konnte, die Menschen hier sind großartig – der Liebe Gott tut nichts wie fügen«, sagt Brügger augenzwinkernd.

Diese positive Grundeinstellung, die Freude und der ansteckende Optimismus sind es wohl, die Franz Brügger, der den Großteil seines Lebens in der DDR verbrachte, den Neuanfang in Maria Frieden so leicht gemacht haben. Die Gemeinde hat er schnell ins Herz geschlossen, mit dem jungen Pfarrer versteht er sich gut und weg will er hier nicht mehr. Seine Texte im Gemeindebrief unterschreibt er mit »Euer

Kaplan« und auch an seiner Wohnungstür liest man »Kaplan – Pfarrer Brügger«. »Als ich die ehemalige Kaplanswohnung in Maria Frieden bezog, hatte man dort das Schild ›Kaplan‹ eines Tages abgeschraubt. Sofort habe ich mich beim Kirchenvorstand beschwert und das Schild zurückgefordert!«, erinnert sich Brügger lachend. Er sei eben nicht mehr der Chef in der Gemeinde und fühle sich manchmal wie in seiner Kaplanszeit. Und auch Außenstehende haben leicht den Eindruck – Pfarrer Brügger wirkt gar nicht wie ein Ruheständler: Taufen, Brautmessen, Beerdigungen, Hausbesuche, Priesterrat, Gemeindeveranstaltungen ... »Nur die lästige Büroarbeit, die bin ich los.«

Fragt man Brügger nach seiner Vita, spürt man, dass er am liebsten nicht über sich selbst spricht, sondern über die Menschen, die ihm auf seinem Lebensweg begegnet sind. Allen voran der Pfarrer seiner Heimatgemeinde im vorpommerschen Demmin, Heinrich Wessels. »Die Zeit mit Pfarrer Wessels war mein erstes Priesterseminar. Was ich bei ihm gelernt habe, hat mich bis heute geprägt.« Der junge Ministrant Franz Brügger führte mit seinem Pfarrer oft stundenlange Gespräche über Gott und die Welt – »gerne bei einer guten Zigarre« –, und allmählich wuchs in ihm der Wunsch, Priester zu werden. Seine Ausbildung absolvierte Brügger im Priesterseminar Erfurt und im Pastoralseminar Neuzelle, die Priesterweihe empfing er 1964 in der gerade erst wieder errichteten St. Hedwigs-Kathedrale. »Damals wehte in der Priesterausbildung noch ein anderer Wind als heute.« Aber die Strenge des Seminars habe ihm nicht geschadet, im Gegenteil.

Geistliche Ordnung

»Ich habe gelernt, wie wichtig es ist, mit einer geistlichen Ordnung zu leben.« Diese Ordnung hat er sich bis heute behalten, schöpft Kraft aus dem Stundengebet und übt sich in Disziplin, »auch wenn es zum Beispiel nach einer Feier in der Gemeinde mal etwas später geworden ist: Mein Brevier bringe ich zu Ende!« Die Priester, die ihm im Laufe der Jahre Vorbilder und Freunde geworden sind, hat er immer als »Männer des Gebets« schätzen gelernt: Regens Kleineidam, Professor Schürmann, Kardinal Bengsch, Kanonikus Rosal, seine Pfarrer und viele mehr. Gerne erinnert er sich aber auch an die Praktikanten, Diakone und Kapläne, denen er selbst Lehrer sein durfte. »Bei uns im Pfarrhaus war immer Gemeinschaft – auch im Gebet.« Und es waren viele junge Männer, die bei Pfarrer Brügger mal länger, mal kürzer »in der Schule« waren, an den vielen Stationen seines priesterlichen Wirkens: Neustadt an der Dosse, Oranienburg, Hennigsdorf, Berlin-Lichtenberg, Dallgow und Staaken, Potsdam und schließlich Buch. »Ich habe unzählige schöne Erinnerungen und ich bereue keinen Tag meines Priesterseins.«

Doch die Erinnerungen an die Zeit in der DDR sind auch schmerzlich, vor allem dann, wenn die Teilung besonders spürbar wurde. Zum Beispiel als Brügger Pfarrer in Staaken war, der in Ost und West geteilten Gemeinde. Als der befreundete Pfarrer Georg Walf im Jahre 1976 im Westberliner Teil Staakens die Kirche St. Maximilian Kolbe einweihen lassen wollte, lud er zu dieser Feier auch Brügger ein. In Dallgow nahm dieser eine ebenfalls geladene polnische Delegation in Empfang und geleitete sie zur innerdeutschen Grenze. »Ich selber musste zurückbleiben. Der Bischof von Gnesen, Jan Michalski, öffnete noch die Tür seines Wagens und rief ›Komm doch! Komm mit.‹ Aber es ging nicht. Die polnischen Gäste durften nach Westberlin ausreisen, der ostdeutsche Pfarrer nicht. So war das in der DDR.« Es sind Erfahrungen wie diese, die ihn das Ende der deutschen Teilung haben herbeisehnen lassen. »Wir haben es uns gewünscht und darum gebetet – aber dass ich es einmal erleben würde, dass die Mauer fällt und Deutschland wiedervereinigt wird, das habe ich zu meiner Lebzeit nicht für möglich gehalten.« Doch das Wunder geschah. Nach der Wende konnte Brügger dann auch endlich seine westfälischen Wurzeln ergründen, Verwandte im Sauerland besuchen, an den Bodensee reisen und noch weiter, zum Beispiel mit der Gemeinde nach Israel oder Irland pilgern.

Ein Bistum trotz mancher Unterschiede

Und dennoch hatte er Vorbehalte, den Lebensabend dann in Tempelhof zu verbringen. »Ich dachte immer, die sind doch von ihrem Gemeinde- und Liturgieverständnis ganz anders als wir im Osten.« Berlin-Buch war zwar nach der Wende ein beliebtes Zuzugsgebiet auch für westdeutsche Familien, »das hat unser Gemeindeleben sehr bereichert«. Aber die Erfahrungen in der »dunkelsten Diaspora«, die Repressalien durch den kirchenfeindlichen Staat und der enge Zusammenhalt in der Pfarrgemeinde, das alles habe schon eine sehr eigene Art des Katholischseins herausgebildet. Das dachte Brügger vor seinem Umzug nach

Mariendorf. »Ich habe mich geirrt – natürlich gibt es Unterschiede zwischen Ostberlin, Brandenburg, Vorpommern und dem Westteil der Stadt, aber ich erlebe doch jeden Tag, dass wir wirklich ein Bistum sind.« Bei vielen Dingen merke man gar keinen Unterschied zwischen Ost und West, weder in der Liturgie noch beim sonstigen Gemeindeleben.

Wie schon in Buch ist Brügger auch in seiner neuen Heimat dem Kolpingwerk verbunden. Er liebt das Singen – gibt sogar im Biesdorfer Priesterseminar Gesangsstunden – und die Geselligkeit. Aber

und Nöten. »Ich denk' an Euch und drücke die Daumen auf Katholisch«, sagt er bei einem Besuch in Gehrenberge und meint das Gebet. Schicksalsschläge nehmen ihn mit. Die Menschen sind ihm wichtig, egal ob sie in der Kirche fest verwurzelt sind oder eher fern stehen. Ob bei den gemütlichen Runden nach der wöchentlichen Chorprobe, bei der monatlichen Wallfahrt in Mariendorf, bei Begegnungen mit den Jugendlichen der Gemeinde oder auch bei kurzen Gesprächen mit Passanten, die gar nicht zur Kirche gehören. »Meine Haushälterin schüttelt

»… aber ich erlebe doch jeden Tag, dass wir wirklich ein Bistum sind.«

nicht Geselligkeit nur um ihrer selbst willen, sondern aus Interesse am Menschen. Trifft er »Pfarrkinder« aus früheren Wirkungsstätten, erinnert er sich genau an einzelne Begebenheiten, erkundigt sich nach den Eltern oder Kindern und nimmt Anteil an Sorgen

manchmal den Kopf, weil ich auch fremde Menschen im Vorbeigehen immer grüße«, erzählt er schmunzelnd, »Aber ich kann nicht anders, ich will sie doch auch alle im Himmel wieder treffen!«

»In jedem Menschen steckt die Sehnsucht nach mehr, als das irdische Leben bieten kann. Jesus hat allen Menschen das Leben in Fülle versprochen.« Wer Franz Brügger sprechen und auch predigen hört, muss ihm glauben. Alles was er sagt, sagt er mit einem gewinnenden Lächeln, ganz direkt und unmittelbar. Als ihn der Kardinal im Oktober 2006 zum Ehrendomherrn an der St. Hedwigs-Kathedrale ernennt, freut ihn diese Ehrung sehr. »Meine Domherren-Soutane ziehe ich aber wirklich nur zu besonderen Anlässen an.« Er will ein einfacher Priester sein, keine unnötige Distanz schaffen, nicht unnahbar sein. Vielleicht fällt es ihm deshalb so schwer, Nein zu sagen. Vor allem was Messvertretungen im Bistum angeht, ist Franz Brügger eine verlässliche Aushilfe.

Und auch vor neuen Aufgaben drückt er sich nicht. »Als ›Spätberufener‹ wurde ich vor ein paar Jahren von einer Studentenverbindung gekeilt.« Die Gottesdienste mit den Studenten feiert er besonders gern, er mag es, mit jungen Menschen ins Gespräch zu kommen. Jung geblieben wirkt er. Die nötige Erholung findet er am liebsten bei den Grauen Schwestern in Ützdorf am Liepnitzsee. Was die Zukunft noch so bringen wird? Das macht ihm keine Sorgen: »Wir wollen zuversichtlich sein«, sagt er ohne zu zögern. Der Liebe Gott tut ja nun mal »nichts wie fügen!« (DH)

Ehrendomherr Pfarrer Franz Brügger, geb. 1936 in Demmin, Priesterweihe 1964, Pfarrer u.a. in Berlin-Buch, seit seinem Ruhestand »Kaplan« in Maria Frieden.

Die ersten Jünger hatten fast alle selbst Knasterfahrungen

Pfarrer Stefan Friedrichowicz

»Im Knast ist es immer laut.« Deshalb gibt es am Montag eine Andacht, die zur Ruhe kommen lässt, dienstags den ökumenischen Kirchenchor, mittwochs findet der Bibelkreis statt und am Freitag die Glaubensinformation. Am Sonntag wird ein Frühstückstreff angeboten, um einen Raum zu schaffen, in dem der Gefängnisalltag draußen bleibt. »Seelsorge ist eine leise Sache im Knast«, fasst der katholische Gefängnisseelsorger der JVA Tegel Pfarrer Stefan Friedrichowicz zusammen. Größtenteils sind die Insassen Anfang zwanzig bis Ende dreißig mit niedrigem Bildungsstand. »Ich würde mich als ein Anwalt der Gefangenen bezeichnen in dem Maße, wie ich spüre: Ich kann etwas für die Gefangenen tun.« Und wenn er merkt, dass er helfen kann, bezieht er alle Ebenen mit ein: von den Vollzugsbeamten bis hin zum Sozialarbeiter, z.B. wenn ein Gefangener zur Schule gehen oder eine Ausbildung absolvieren könnte. »Es ist wie im normalen Leben auch: Wenn ich mich für einen Menschen interessiere, gebe ich ihm eine Würde! So entstehen keine Freundschaften, die gibt es im Knast nicht, aber Vertrautheiten.«

Arbeitsalltag heißt für ihn wochentags von 10:00 bis mindestens 18:00 Uhr vor Ort sein. Er erhält einen sogenannten »Vormelder«, mit dem ihm Gesprächswünsche mitgeteilt werden. Vormelder sind Vordrucke, in die der Häftling schriftlich seine Wünsche eintragen muss, also den Gang zum Arzt, den Wunsch zu arbeiten oder eben mit dem Pfarrer zu sprechen. Darüber entsteht oft der erste Kontakt und der Gefängnispfarrer besucht den Häftling. Wenn er weiteren Gesprächsbedarf bemerkt, lädt er den Inhaftierten ins Knast-Pfarramt ein. Dort können dann alle Themen zur Sprache kommen: Familie, Schulden, Drogen, Glauben, Ängste, Repressalien im Gefängnisalltag u.v.m. »Da kommen Christen zu mir und Moslems, es kommen Deutsche, Ausländer – der Seelsorger ist allgemein akzeptiert.« Er kennt vorrangig die von den 1.700 Gefangenen, die sich an ihn wenden – auch wegen alltäglicher Dinge wie Tabak oder Kaffee. »Sie haben Langeweile, kiffen, machen Schulden – wer die nicht bezahlen kann, bekommt Besuch. Da gibt es viel Not und Ängste. Wer Angst um sein Leben hat, muss sich offenbaren und kommt dann auf die Schutzstation. Entlarvte Geschäftemacher werden gesondert nochmals verschärft eingeschlossen. Es ist kein Kinderspiel, das beschäftigt die Gefangenen.« Aber er erwartet von den Gefangenen auch Respekt. »Wenn einer nur quatscht, schick ich den auch schon einmal raus. Die wollen ja auch respektvoll behandelt werden.«

Große theologische Erörterungen haben keinen Sinn, es muss praktisch sein. Themen wie den Sinn des Lebens behandelt er in der Predigt. Seine Themen findet Friedrichowicz in der Heiligen Schrift und stellt den Bezug zu seinen Zuhörern her. Ihm begegnen die verschiedensten Geschichten von wirklichen Kriminellen bis hin zu Pechvögeln, die wegen Fahrlässigkeit verurteilt wurden. »Das Besondere an meiner Seelsorge ist: Ich begegne immer ein-

zelnen Menschen, und ich kann nur denen helfen, die sich öffnen. Die Gruppen bilden das Umfeld, die Arbeit aber gilt dem Einzelnen.« Eine enge Verbindung zum Neuen Testament sieht er in seiner Arbeit auch, denn dort findet man überraschend häufig das Wort »Gefängnis«. »Die ersten Jünger und Apostel hatten ja fast alle selbst Knastererfahrungen, Paulus zum Beispiel.«

Auch für die Diensttuenden ist der Seelsorger da. Gott findet der Gefängnispfarrer in der Begegnung mit dem Einzelnen, da will er keinen Unterschied machen, auch wenn für ihn Christus vielleicht nicht in jedem auf den ersten Blick erkennbar ist. »Die meisten wollen einfach nur einen Menschen haben, der in diesem schweren Moment etwas abfängt. Ich möchte den Menschen ein verlässlicher und fairer Partner sein.«

Wunsch, mit den Menschen zu arbeiten

Auf dem Weg in den Knast hat Friedrichowicz verschiedenste Stationen passiert. In Berlin-Bohnsdorf wurde er als viertes von fünf Kindern 1953 geboren. Ab 1955 waren sie »Niederschönhausener«, dort gab es ein kreatives und festes Umfeld vor allem in der Kirchengemeinde St. Maria Magdalena. Der junge Friedrichowicz war erst Ministrant, dann Lektor und engagierte sich in der Kinder- und Jugendarbeit. »Und irgendwo dort ist für mich dann auch der Berufswunsch gewachsen«, erinnert sich der inzwischen 57-Jährige. Doch zunächst ging er in die Lehre zum VEB Robotron und in die Nationale Volksarmee (NVA) nach Eggesin. »Eine sehr belastende Angelegenheit, es gehört wohl in meine Vita hinein, denn dort ist der Wunsch, mit Menschen zu arbeiten, konkret geworden.« Dazu trugen viele Erlebnisse mit den anderen Soldaten bei.

Im September 1975 wurde Friedrichowicz in das Magdeburger Norbertuswerk aufgenommen, wo er sein Abitur nachholte und dann in Erfurt das Studium begann. Nach einer ersten Kaplanstelle in Brandenburg an der Havel – »eine große lebendige Gemeinde, wo ich viel gelernt habe« – kam er im Herbst 1987 als Rektor nach Alt-Buchhorst, wo er auch die Wende erlebte: »Eine ganz verrückte Zeit, die Wendejahre, Jahre auch der großen Unruhe, erst kamen die ersten Punks, dann wurden wir auch von Rechtsradikalen überfallen, die noch Fete machen wollten.« Für ihn war das Christian-Schreiber-Haus ein Instrument, »das scharf sein musste, deswegen haben wir auch so viele Kurse angeboten in dieser Zeit.« 1990 hatte er sich eine Auszeit genommen und ging für ein Jahr als Kaplan nach Jena. Nach weiteren Stationen in Barth und Buckow-Müncheberg kam er 1997 nach St. Martin im Märkischen Viertel.

Große Ereignisse und unlösbare Verwerfungen

»Das ist erst einmal der Höhepunkt meines persönlichen Priesterlebens, zwölf Jahre und drei Monate – da war nun alles dran: eine Riesengemeinde, viele Zuwanderer, wohl an die 60 Nationen.« Im November 2003 fusionierte St. Martin mit der Gemeinde St. Nikolaus zu nunmehr 7.500 Katholiken. »Leichte Kürzungen führten zu leichtem Unmut, der Plan 2009 sah drastische Kürzungen vor, und das führte zu schwerem Unmut. Wir haben trotzdem in der Gemeinde viel organisiert. Kindergärten ausgebaut und die Kirchen renoviert. Es waren große, große Ereignisse.« So führte er zusammen mit dem Pfarrgemeinderat nach der Gemeindefusion 2003 die Fronleichnamsprozession zwischen beiden Kirchen ein, und eine Ausgabestelle von »Laib und Seele« wurde gegründet, die mit 50 Helfern bis zu 120 Familien versorgt. Das war alles nicht spannungsarm, es gab viele Enttäuschungen, insbesondere bei denen, deren Stelle abgebaut wurde. Oft wurde der Pfarrer persönlich für die Entlassungen verantwortlich gemacht. Spannungen gab es auch

»Seelsorge ist eine leise Sache im Knast.«

zwischen der größtenteils gutbürgerlichen, alteingesessenen Gemeinde St. Nikolaus und der sehr bunten Gemeinde St. Martin. Die Unterstellung, er würde tricksen, traf ihn hart, da er die besten Absichten hatte. Es gab Verwerfungen, die trotz Gemeindeberatung nicht zu lösen waren. »Ich hätte die Probleme nicht lösen können, ohne gegen das Evangelium zu handeln.« Ausgelöst auch durch den Tod seines Vaters und seine angeschlagene Gesundheit, entschied er sich zu wechseln, so kam er ins Gefängnis. »Nach erst neun Monaten kann ich sagen, die Wahl war nicht schlecht.«

Ich will es wenigstens versuchen

Wer war Wegbereiter seiner Berufung? Eine große Rolle hat die Mutter gespielt, sie hat nicht nur Wert auf das Abendgebet und den Besuch des Sonntags-

gottesdienstes gelegt; die Teilnahme am kirchlichen Leben war für die Kinder eine Selbstverständlichkeit. »Wir waren weder bei den Pionieren noch in der FDJ, wenn die Lehrer fragten, hat das meine Mutter geregelt. Sie hat denen geantwortet: ›Der Pfarrer hat uns gesagt, das geht nicht, und wenn der das sagt, dann geht's nicht.‹ Da gab es keine langen Diskussionen, das wurde auf der Schwelle geregelt.«

Einen bleibenden Eindruck hat auf den jungen Friedrichowicz Pfarrer Kurt Grunschewski hinterlassen. Der gelernte Maurer »war ein handfester Mann, nicht frömmelnd. Das war jemand, der einen blauen Kittel trug und Kohlen schippte, das hat mich beeindruckt. Es war einfach ein Mensch.« Unvergessen ist Pfarrer Friedrichowicz auch die Predigt seines Pfarrers Monsignore Johannes Zoda, Weihnachten 1974, die damit endete: »Das Wort Gottes ist Fleisch geworden und uns geboren. Wer wird es weitersagen?« Er empfand es als unmittelbaren Anruf an sich selbst, sodass er sich dachte: »Ich will es weitersagen. Ich bin aus der Christmette rausgegangen und habe gesagt, ich will es wenigstens versuchen. Der Ruf war für mich ein Aufruf, ein Anruf.« Er wählte sich die Vater-Unser-Bitte »Dein Wille geschehe« als Primizspruch.

So ist er auch immer bereit gewesen, dem Ruf des Bischofs zu folgen – auch darin sieht er den Willen Gottes. So wie es bei Einsätzen als Notfallseelsorger wichtig ist, dass jemand die Aufgaben einteilt und nicht jeder für sich entscheidet, was als nächstes zu tun ist. »Einer ist das Haupt, die anderen sind die Glieder. Gut, ich finde vielleicht nicht alles einsichtig, was das Haupt verlangt. Ich kann auch meine Meinung sagen. Aber deswegen bin ich doch nicht davon befreit, mich zu beteiligen. Es ist doch niemandem gedient, wenn man gar nichts tut. So verstehe ich meinen Ruf.« Jeden Tag liest er in der Heiligen Schrift und versucht, das Wort Gottes zu verstehen, doch konkret wird es in der Tat: »Wer authentisch im Glauben ist, ist kein schlechter Zeuge.« (KM)

Pfarrer Stefan Friedrichowicz, geb. 1953, Priesterweihe 1984, Pfarrer von St. Martin (Märkisches Viertel), seit 2010 katholischer Gefängnisseelsorger in der JVA Tegel und Notfallseelsorger

Auf festem Grund es ruht

Pfarrer **Edgar Kotzur**

Edgar Kotzur: Meine Frage war ja bei der Zelebration »versus populum«, also zur Gemeinde hingewandt: »Wo blickst du hin? Machst du die Augen zu? Guckst du in die Wolken?« Wenn ich sage, »Der Herr sei mit euch«, dann schaue ich die Leute an. Beim Gebet aber, was ist da mein Blickfang? Das kann offensichtlich nicht die Gemeinde sein, denn ich spreche ja dabei nicht die Gemeinde an, sondern ich spreche den lieben Gott an. Und da kam mir die Idee, du schaust auf das hintere Fenster. Wenn also dieses Fenster dein Blickpunkt wäre und wenn das Fenster eine konkrete Aussage von der Gegenwart Gottes hätte – das wäre ideal! Und so kam es dann zum Fenster mit dem brennenden Dornbusch.
— *Der »brennende Dornbusch« ist das südliche Turmfenster von St. Matthias, über dem Hauptportal. Es ist eines der 28 Fenstermotive, die in den Jahren 1989 bis 1993 nach Entwürfen von Hermann Gottfried ausgeführt wurden. Pfarrer Kotzur hat den Künstler ausgesucht und das Bildprogramm maßgeblich mitbestimmt.*

Er ist aus Moers nach St. Matthias in Berlin gekommen. Das war 1976, der heutige Kaplan war damals noch nicht geboren. Dass ein Pfarrer aus dem Bistum Münster nach wir waren gerade im Gärtnerplatztheater, in der Operette »Die Schöne Helena« von Jacques Offenbach gewesen. Und da wurde mir, als ich von der »Schönen Helena« kam, verkündet, dass ich zur »Schönsten von Allen« nach Kevelaer komme. Ich war überrascht, weil ich mir sagte, da machen sie den Bock zum Gärtner, denn diese Art von Frömmigkeit – wie ich sie meinte zu kennen – war nicht mein Ding. Doch habe ich mich dort vom ersten Augenblick an wohl gefühlt und habe mir später gesagt, etwas Besseres hätte mir eigentlich gar nicht passieren können.
— *Kevelaer war Wallfahrtsort und Pfarrgemeinde zugleich, und so war Pfarrer Kotzur auch in die Wallfahrtsseelsorge eingespannt: Zelebrieren, Predigen, Beichthören, Kreuzwegandacht, Kommunion austeilen …*

Edgar Kotzur: Damals gab es noch keine Kommunionhelfer, ich pendelte am Sonntagvormittag zwischen Beichtstuhl und Kommunionbank hin und her. Nachdem ich zwei Jahre da war, flatterte ein Brief in meinen Briefkasten, dass ich zur vorläufigen Vertretung eines erkrankten Pfarrers nach Marl sollte. Da war ich natürlich sauer bis dorthinaus.

»… da machen sie den Bock zum Gärtner, …«

St. Matthias kam, war jedoch kein Zufall: Dem Wunsch des Stifters der Kirche entsprechend, der selbst aus dem Westfälischen stammte, wird die Pfarrstelle immer mit einem Priester aus dem Bistum Münster besetzt. Seit 1868, dem Jahr der Weihe der ersten Matthiaskirche in der Potsdamer Straße, hat sich das nicht geändert.

Edgar Kotzur: Geweiht hat mich der Bischof von Münster, Joseph Höffner, später Erzbischof von Köln und Kardinal der römischen Kirche. Er ist 1962 zum Bischof geweiht worden, und wir waren 1963 die ersten, die er zu Priestern geweiht hat; wir sind sozusagen sein »Erstlingswurf«. Nach der Weihe stellte sich mir die Frage: »Wohin wirst du versetzt?« Nach der Weihe war ich für zwei Wochen nach München gereist und dort erreichte mich ein Telegramm meines Vaters, da stand nur: »Basilika Kevelaer«. Ich weiß noch, »Jetzt bist du zwei Jahre da und gerade mit den Leuten warm geworden – da wirst du schon 'rausgerissen.« Aber, wenn man von Fügung sprechen will … Ich kam nach Marl, am nördlichen Rand des Ruhrgebiets, dort gab es Bauern, Zeche, chemische Werke. Da war ich mein eigener Herr und das nicht nur für ein paar Wochen, sondern für das halbe Jahr, das ich dort bleiben durfte – anfangs hätte ich gesagt, bleiben musste –, bis dann der neue Pfarrer kam. Dort habe ich gespürt, wie schön es ist, in der ganz normalen Seelsorge zu arbeiten.

Zuhause in der Pfarrei

— *Pfarrer Kotzur war auch damals schon theologisch wissenschaftlich interessiert und hatte in den ersten Jahren auch mit dem Gedanken gespielt, zu promovieren. Dafür* hätte er freigestellt werden müssen, doch wollte er die Seelsorge nicht aufgeben.

EDGAR KOTZUR: Ich sagte mir: Das, was dich theologisch interessiert, das kannst du ja privat machen – das mache ich auch bis heute –, aber ich wollte in der normalen Seelsorge bleiben. Seelsorge, das ist meine Berufung; wenn man das so sagen will.

—— *Seelsorger ist er geblieben auch in seiner fast zehnjährigen Zeit als Religionslehrer in Moers: ein Jahr an einer privaten Bergbau-Berufsschule – »ein hartes Brot« – dann an zwei öffentlichen Schulen.*

EDGAR KOTZUR: Daneben war ich immer auch in der Pfarrei tätig. Mein Gefühl war immer: Ich bin zuhause in der Pfarrei. Und eines Tages wurde ich dann vom Personalchef gefragt: »Wie stellst du dir denn deine Zukunft vor?« »Naja, ich will Pfarrer werden; habt ihr denn was? Was ist denn gerade frei?« Im Grunde genommen hatte er nichts, außer: »Dann wäre da noch Berlin.« St. Matthias müsste wieder besetzt werden, der amtierende Pfarrer hatte immerhin das gesegnete Alter von 78 erreicht. »Geh mal hin, schau dir das an.« So bin ich 1976 hergekommen und habe 1977 die Pfarrei übernommen; seitdem bin ich hier und mache das, was man von einem Pfarrer erwartet.

Event-Kultur

—— *Seit 34 Jahren ist er jetzt Pfarrer einer der größten Pfarreien von Berlin in einer der markantesten Kirchen, mitten auf dem prominenten Winterfeldtplatz in Schöneberg. Vieles hat sich verändert in dieser Zeit: Die Mauer ist gefallen, der Papst war in Berlin, Clemens August Graf von Galen, einer seiner Vorgänger als Pfarrer in St. Matthias, wurde selig gesprochen, seit den Fusionen gehören auch St. Elisabeth mit der slowenischen Gemeinde zu seiner Pfarrei. Aber viele Veränderungen sind nicht offensichtlich, werden erst durch die lange Beobachtung deutlich.*

EDGAR KOTZUR: Vor dreißig Jahren sah der Heilige Abend so aus: Nachmittags für die Kinder Krippenandacht und Messe waren zusammengelegt und abends wurde die Mitternachtsmesse gefeiert. Die Besucher der Krippenandacht waren auch in der Lage, die Messe mitzufeiern. Das hat sich von Jahr zu Jahr verändert: Der Besuch nahm über die Jahre zu, heute ist zur Krippenandacht die Kirche rappelvoll, das war vor dreißig Jahren bei weitem nicht so. Es ist aber eher im Sinne einer Event-Kultur, denn diejenigen, die die Kinder begleiten, sind nicht mehr unbedingt fähig, die Eucharistie mitzufeiern. Die normale gottesdienstliche Praxis hat sich in der Zeit verändert: Der Kreis derer, die den Gottesdienst in einer Gemeinde tragen, ist zusammengeschrumpft oder zumindest kleiner geworden. Wenn aber ein besonderes Event ist, ist »der Laden voll«. Wenn unser Kirchenmusiker mit dem Chor eine Orchestermesse im Gottesdienst aufführt, da ist es heute voller als vor dreißig Jahren. Es gibt dann schon mal Leute, die fragen: »Wann ist das Konzert?« Ich will das auch nicht verurteilen, dann sollen sie eben zum »Konzert« kommen; dann müssen sie sich aber auch eine längere Predigt anhören. Ich mache deswegen die Predigt nicht kürzer – eher länger.

Oder ein anderes Beispiel: Wen taufe ich heute? Vor 30 Jahren habe ich im Wesentlichen Kleinkinder getauft. Unter den Kommunionkindern waren fast keine, die noch nicht getauft waren – und Erwachsenentaufen gab es schon gar nicht. Das hat sich gewaltig geändert: Die Taufe ist hinausgeschoben, findet mit ein, zwei Jahren statt oder es sind Kommunionkinder oder Erwachsenentaufen in der Osternacht. Pater Heindl schickt mir auch mal jemanden, weil er Interesse daran hat, dass die Täuflinge auch in der Gemeinde beheimatet sind. Das heißt, es gibt jetzt Vorbereitungskurse zur Taufe. Das gab es früher so nicht. Diesbezüglich ist die Arbeit für mich viel interessanter geworden. Insgesamt gibt es ein späteres Interesse, was ja sehr erfreulich ist. So gibt es auch

»Ich mache deswegen die Predigt nicht kürzer – eher länger.«

Spätberufene zur Firmung. Dabei habe ich meinen eigenen Stil; nicht unbedingt das, was sonst in der Kirche praktiziert wird: Während bei Erwachsenen im Allgemeinen Taufe, Firmung und Erstkommunion in der Osternacht zusammengelegt sind, habe ich mich entschlossen, die Erstkommunion nicht in der Osternacht, sondern zu Pfingsten und die Firmung dann zum nächsten Firmtermin zu feiern.

—— *Auch wenn heute St. Matthias für Pfarrer Kotzur Heimat ist, seine Wiege stand woanders: in Oberschlesien, wo er 1936 als ältestes von sechs Kindern geboren wurde und die ersten achteinhalb Jahre seines Lebens verbrachte.*

EDGAR KOTZUR: Wir sind am Ende des Krieges, bevor die Russen einrückten, über Niederschlesien

nach Bayern geflüchtet. Dort waren wir in einem kleinen Dorf mit dem schönen Namen Untermagerbein untergebracht. Der Vater hatte uns noch zur Flucht verholfen, war aber nicht dabei. Im Juli 1945 machte sich meine Mutter mit ihrer Schwester und deren Kindern wieder auf den Weg zurück in die Heimat und kam noch bis ins bayerische Hof. Dort war die Grenze dann – ich sag' immer »Gott sei Dank« – zu. Von dort kamen wir in ein Flüchtlingslager, in dem uns eines Tages unser Vater wiederfand. Ich seh' ihn heute noch – ich spielte vor dem Lagertor – mit dem Fahrrad ankommen. Und dann hat er gesagt: »Zurück, wieder nach Untermagerbein, dort seid ihr schließlich zugewiesen.« Und so ging es wieder zurück. In diesem Ort war weit und breit keine Möglichkeit zu einer weiterführenden Schule, es gab dort nur eine einklassige Volksschule, von der ersten bis zur achten Klasse, alle zusammen in einem Raum von einem Lehrer unterrichtet.
—— *Edgar Kotzur ist zwölf Jahre alt, als ihn seine Eltern nach Augsburg ins Internat St. Stephan zu den Benediktinern ins Internat schicken wollen. Die Währungsreform und damit verbundene finanzielle Schwierigkeiten drohen, den Plan zunichte zu machen. Der Vater findet ein Zimmerchen zur Untermiete für den Sohn.*

EDGAR KOTZUR: Ich habe heute noch guten Kontakt zur Tochter der Vermieter, die während meiner Zeit dort geboren wurde. Und so war ich dann in St. Stephan in Augsburg, allerdings nicht im Internat.

Religiöse Prägung durch die Familie

—— *Wiederum zwei Jahre später zieht die Familie um nach Münster, wo der Vater endgültig eine Anstellung gefunden hat.*

EDGAR KOTZUR: Religiös geprägt hat mich meine Familie, vor allen Dingen mein Vater, der ein tief religiöser Mann war, Zeit seines Lebens. Ich sehe ihn noch, wenn er an einer Kirche vorbeikam, hat er immer den Hut gezogen. Und ich sehe ihn auch noch, als ich zu ihm ging, bevor ich schlafen ging, um ihn daran zu erinnern, mich zu wecken, dass er vor dem Bett kniete und betete. Gerade mein Vater hat mich in der Hinsicht geprägt. Das religiöse Leben, das Beten in der Familie, der sonntägliche Kirchbesuch waren selbstverständlich. Interessanterweise sind wir dazu nicht zusammengetrommelt worden, sondern sind alle unsere eigenen Wege gegangen. Als wir auf der Flucht waren, Anfang Februar 1945 in Niederschlesien, bin ich ohne Wissen der Eltern zum dortigen Pfarrer und habe gesagt, dass für die Vorbereitung zur Erstkommunion jetzt die Erstbeichte fällig wäre, die möchte ich jetzt ablegen. Ich war von Kindesbeinen an Ministrant gewesen. Noch in der oberschlesischen Heimat bin ich mit acht Jahren zu den Ministranten gekommen und bin immer dabei geblieben. Überall wo ich hinkam, habe ich ministriert, mein Lebtag lang. Es hat mir von Anfang an Freude gemacht und der Dienst am Altar macht mir heute noch Freude. Ich kann also von mir sagen: Ich habe mein Hobby zu meinem Beruf gemacht.

—— *Wenn man sich mit Pfarrer Kotzur unterhält, vergisst man leicht, dass andere Männer seines Alters bereits längst im Ruhestand sind. Pfarrer Kotzur erzählt von seiner Begeisterung für die Oper aber auch für den FC Bayern-München und natürlich von seinem Beruf, von seiner Berufung, die nicht einfach zu Ende ist.*

EDGAR KOTZUR: Auf jeden Fall werde ich mich als Priester so lange zur Verfügung stellen, solange ich kann. Zur Zukunft der Kirche fällt mir die eine Strophe ein in dem Lied »Ein Haus voll Glorie schauet«, die sie leider im »Gotteslob« herausgelassen haben, die ich aber singen lasse, wenn wir von Liedzetteln singen:

»Wohl tobet um die Mauern
der Sturm in wilder Wut,
das Haus wird's überdauern,
auf festem Grund es ruht!« (ww)

———

Pfarrer Edgar Kotzur, geb. 1936 in Bobrek, Oberschlesien, Priesterweihe 1963 in Münster, Kaplan in Kevelaer, Religionslehrer und Subsidiar in Moers, seit 1977 Gemeindepfarrer in St. Matthias, Berlin-Schöneberg, seit 2009 Ehrendomherr

Mich gibt es nur so, wie ich bin

Pater Christian Heim

Nein, Jesus ist ihm nicht erschienen, er ist auch nicht wie Paulus vor Damaskus »vom Pferd gefallen«, Ministrant war er auch nicht und sein Elternhaus nicht superkatholisch. Christian Heim, 42 Jahre alt und seit zehn Jahren Priester, fegt alle »frommen Verdachtsmomente« weg. Ja, er ist als Kind zum Gottesdienst gegangen, auch zur Erstkommunion und zur Firmung und war in der Katholischen Jungen Gemeinde aktiv. Doch die Kirche war für ihn mehr ein Treffpunkt mit den Freunden und die Sonntagsmesse eine Gelegenheit, danach zu überlegen, was man an dem angebrochenen Vormittag unternehmen könnte. Dann kam ein neuer Pfarrer in die Gemeinde. »Der war echt gut drauf, hat uns begeistert für den Glauben. Gott bekam durch diesen Pfarrer ein Gesicht.« In dieser Zeit hatte sich Christian Heim gerade in die Tochter eines evangelischen Pfarrers verliebt. Das Mädchen konnte seine religiöse Begeisterung teilen, sie kannte das ja von zu Hause. »Wir beiden haben sogar miteinander gebetet.«

Doch irgendwann denkt Christian Heim laut und sagt zu ihr: »So, wie unser Pfarrer zu leben, das könnte ich mir auch vorstellen.« Es folgt die erste Krise. Ob er nicht evangelisch werden könne, fragt die Freundin. Sie möchte ihn doch behalten. Inzwischen strickt sein Vater an der Karriere des Sohnes. Gießereitechnik soll es sein. Den Sohn zieht es eher in den Diplomatischen Dienst oder zur Gartenarchitektur. Als Kind wollte er auch mal Pilot werden, und Koch wäre auch toll gewesen. Damals kam ihm ein Psalmtext zu Hilfe, erzählt Pfarrer Heim: »Tu mir kund den Weg, den ich gehen soll, o Gott, denn mich verlangt nach Dir.«

Und Gott hat ihn an sich gezogen, doch anders, als er es sich vorgestellt hat. Binnen weniger Stunden änderte sich sein Leben, denn: »Mein Vater starb ganz plötzlich. Vormittags waren meine Eltern noch gemeinsam Ski gefahren, nachmittags kam meine Mutter allein zurück und Vater war tot. Und ich hatte Fragen, die sich ein 18-Jähriger normalerweise nicht stellt.«

Christian Heim beendet die Beziehung zur Freundin, will seinen Weg erst einmal ganz allein finden. Er geht zur Bundeswehr, zu den Gebirgsjägern, möglichst weit weg vom netten Heimatstädtchen im Sauerland. Eigentlich hätte er als »guter Sohn« bei der Mutter bleiben sollen, die so plötzlich allein dastand, ohne Mann. Doch die Mutter lässt ihn ziehen. Leicht fällt ihm die Bundeswehrzeit nicht. Oft habe er unter der Bettdecke geweint und auch viel gebetet, erzählt er. Aber er setzt sich auch für die Kameraden ein, und noch heute ist er stolz, einmal sogar im »Bunker« gesessen zu haben, weil er meinte, ein Kamerad sei ungerecht behandelt worden. Er entdeckt, dass er gut zuhören kann und andere sich ihm anvertrauen.

Und wieder denkt er, vielleicht sollte er tatsächlich Priester werden. Seine Mutter reagiert überrascht, hat es aber wohl geahnt: »Wenn das der Weg ist, damit Du glücklich wirst, dann geh' diesen Weg«, sagt sie zu ihrem Sohn. Zwischen Bund und Theologiestudium sind aber noch sieben Monate Zeit, die gefüllt werden müssen: »Mein Heimatpfarrer kannte einen Franzis-

kaner in Brasilien, der auf Bauernhöfen, den »Fazendas da Esperança«, mit Suchtkranken arbeitet, also so eine Art christliche Drogentherapie praktiziert. Ich bin also nach Brasilien geflogen. Dort lernte ich ein in jeder Hinsicht alternatives Leben kennen.«

Neue Erfahrungen auf dem »Hof der Hoffnung«

Christian Heim wohnt und arbeitet in Brasilien mit Suchtkranken zusammen. Das Grübeln um die Berufung, ob er nun Priester werden soll oder nicht, solle er erst einmal vergessen, rät ihm ein Priester auf der Fazenda. Auch spirituell ist vieles neu und spannend für ihn, zum Beispiel das Umsetzen des Evangeliums in den Alltag: »Ein Beispiel: In meiner Heimatgemeinde wurde im Bibelkreis die Bibel gelesen und dann analysiert. In Brasilien haben wir morgens ein Wort aus der Heiligen Schrift gelesen und dann

Zurück in Deutschland, will er nun doch Theologie studieren. Er hat den Wunsch, das in Brasilien gelernte Leben mit dem Wort Gottes in einer Gemeinschaft fortzusetzen. Er studiert in Augsburg und in Paderborn Theologie und lebt in einer Wohngemeinschaft von Priestern und Theologiestudenten der Fokolar-Bewegung. In dieser Gemeinschaft lernt er auch den Wert der anderen Berufungen kennen, die es auf dem geistlichen Weg gibt: Die einen sind verheiratet, andere leben bewusst ehelos, die einen sind Priester, andere Ordenschristen. »Und wie willst du Gott lieben? Das war nun meine Frage. Die Spannung stieg, denn ich hatte mich verliebt. Was nun. Der Pfarrer, den ich um Rat fragte, erklärte mir, die Antwort müsse ich schon in mir selber finden. ›Blödmann‹, dachte ich, ich hätte es gern ein bisschen klarer gehabt.« Doch der »Blödmann« behält

»Auf der Fazenda habe ich verstanden: Das Evangelium passiert jetzt!«

versucht, dieses Wort zu leben, den ganzen Tag lang, und zwar handfest. Dadurch ist auf so einer Fazenda alles ganz anders. Es geht einfach zu, mitunter hart, aber herzlich und fröhlich.« Die Fazenda da Esperança wird tatsächlich zu einem »Hof der Hoffnung«. Auch junge Menschen, die keinerlei religiöse Sozialisierung haben, verschließen sich dem Tagesmotto aus dem Evangelium nicht, stellt er erstaunt fest: »Es ist wirklich möglich, durch den Austausch über die Worte der Heiligen Schrift und den Vorsatz, ein Wort den Tag über besonders im Kopf und im Herzen zu haben, das Evangelium zu ›verheutigen‹. Auf der Fazenda habe ich verstanden: Das Evangelium passiert jetzt!«

Dann neigen sich die geplanten sieben Monate in Brasilien dem Ende zu, doch Christian Heim bleibt. Julio, ein Drogenkranker, mit dem er befreundet ist, fragt ihn, ob beide nicht noch ein Jahr auf der Fazenda bleiben sollten. »Da wusste ich, jetzt ist der Abenteuerurlaub vorbei. Jetzt wird's ernst.« Er sagt zu, verlängert den Brasilien-Aufenthalt um ein Jahr. Kurz darauf verunglückt Julio tödlich, ein Arbeitsunfall. Für Christian Heim der zweite bittere Verlust. »Aber ich bin auf der Fazenda geblieben, auch stellvertretend für meinen Freund Julio. Und plötzlich begannen Worte, alt und verstaubt, für mich zu leben: Zum Beispiel das Bibelwort: Wir wissen, dass wir aus dem Tod in das Leben hinübergegangen sind, weil wir die Brüder lieben (1 Joh 3,14).«

Recht. Bei einem Video über ein Gespräch von Jugendlichen mit der Gründerin der Fokolar-Bewegung, Chiara Lubich, macht es bei ihm klick: »Da fragte nämlich ein junger Mann, woran er die Berufung zum zölibatären Leben erkennen könne. Er erhält die Antwort: ›Wenn du bei dem Gedanken, so zu leben, dir einmal ganz sicher warst und voller Freude, dann solltest du den Schritt wagen.‹ In dem Moment ist bei mir der Knoten geplatzt. Ich hab' mich von meiner Freundin getrennt, was ganz schrecklich war, und der nächste Schritt war dann das Priesterseminar.«

Kein »Mister Perfect«

Dort wurde gerade leidenschaftlich diskutiert über die Anforderungen, die an den Priester gestellt werden: Theologisch muss er fit sein, leiten können und teamfähig sein, toll predigen soll er, soziale Kompetenz und emotionale Intelligenz haben sowie eine integrierte Sexualität, sportlich soll er sein, um mit den Ministranten Fußball zu spielen, mit Jugendlichen muss er gut können und mit Senioren natürlich auch und, und, und … »Und da wurde mir ganz schwindlig davon: So ein ›Mister perfect‹ wäre ich zwar gern, bin ich aber nicht. Eine Ordensfrau, mit der ich über meine Zweifel gesprochen hatte, löste die Verkrampfung: ›Gott ruft Sie so, wie Sie sind.‹ Und ich sagte: ›Hey, Gott, mich gibt's nur so, wie ich

Umsiedler, die darum bangen, ob sie es packen, hier heimisch zu werden, oder die Drogenkranken, die von der Sucht loskommen wollen, aber nicht wissen, wie.«

Christian Heim ist kein »normaler« Pfarrer, also einer, der tauft, beerdigt, Gottesdienst feiert und theologisch ausgewogene Predigten hält. Die jungen Leute von Gut Neuhof würden ihn nicht verstehen, wenn er allzu fromme Worte machte. Er musste eine neue Sprache finden, um die Menschen an den zerfetzten Rändern der Gesellschaft, ob in Brasilien oder in der Mark Brandenburg, zu erreichen. Vielleicht ist es eine neue Weise, von Gott zu sprechen, oder eine wiederentdeckte alte Weise, von Gott zu sprechen und vor allem mit dem eigenen Lebensstil den Glauben zu bezeugen. »In den Fazendas gründete sich durch das Wort der Schrift ein soziales Werk, das nie in erster Linie das Soziale im engen Sinn im Blick hatte, sondern immer das Heil des ganzen Menschen.« Die Suchtkranken sollen nicht irgendwie von der Droge weggeholt werden, sie sollen einen neuen Lebensstil kennenlernen, erklärt Pater Heim. »Um genau dieses ›Mehr‹ geht es, nämlich um Gott selbst. Er wird unter uns lebendig, wenn wir seine Worte nicht nur lesen, sondern leben, ganz konkret im Alltag buchstabieren. Wir müssen wieder

bin! Aber Du weißt ja, wie ich bin.‹ Und Gott hat das Angebot angenommen.«

Christian Heim wird Priester. Er lebt mit anderen in einer Priestergemeinschaft in »kollektiver Spiritualität«. Das ist ihm wichtig, bis heute. Nicht, um eine Kuschelgruppe zu haben, sondern um das Leben miteinander zu teilen: zusammen zu essen und die Wohnung einzurichten, sich gegenseitig zu beichten und miteinander zu beten. Besondere Freude berei-

»Wir müssen wieder den Mut haben, den Menschen nicht irgendetwas zu geben, sondern Gott selber.«

tet ihm die Arbeit mit Kindern und Jugendlichen. Er kocht gern, natürlich für die anderen in der Priester-WG mit, und er feiert gern die Heilige Messe. »Kinder, Küche, Kirche – und das alles, ohne geheiratet zu haben«, sagt er und lacht. Doch dann wird er versetzt, als Seelsorger für Aus- und Umsiedler eingesetzt. Besonders um jugendliche Russlanddeutsche soll er sich kümmern. Keine leichte Aufgabe für den frischgebackenen Pfarrer. Doch er bleibt zuversichtlich. Er denkt an die Erfahrungen seiner Brasilienzeit und dass Julio ihm helfen wird.

»Und dann hat mich Julio in ein neues Abenteuer gelockt: auf die Fazenda da Esperança Gut Neuhof in Markee, im Havelland. Warum ich nach Brandenburg gegangen bin und warum wieder zu einer so schwierigen Klientel? Ich denke, schon bei meiner Arbeit mit den Russlanddeutschen wurde mir meine Berufung klar: Ich will mein Leben mit den Armen teilen. Das sind heute zum Beispiel die Aus- und

den Mut haben, den Menschen nicht irgendetwas zu geben, sondern Gott selber.«

Seit März 2009 ist Christian Heim als Priester in einer brasilianischen Diözese inkardiniert und für die Arbeit der Fazenda-Gemeinschaften freigestellt. Er freut sich, auf diese Weise zurück zum Ursprung gekommen zu sein: Vor 22 Jahren hat er dort durch die Hinwendung zum Nächsten seine Berufung gefunden. »Ich lebe auf der Fazenda Gut Neuhof vor den Toren Berlins und staune immer wieder, was geschieht, wenn die Hände leer sind, und was aus der Armut des Evangeliums an Reichtum erwächst.« Nur an den Titel Pater, den er nun trägt, muss er sich noch gewöhnen. (JB)

Pater Christian Heim, geb. 1968 in Meschede, Priesterweihe 1997 in Paderborn. Mitglied der Geistlichen Gemeinschaft Familie der Hoffnung, seit März 2009 für die Arbeit der Fazenda-Gemeinschaften freigestellt.

Frauen stark machen

Prof. **Barbara John** · *Vorsitzende KDFB*

— *Frau Professor John, von Ruhestand kann bei Ihnen keine Rede sein. Sie haben mehrere bedeutsame Ämter und sind da sehr gefordert. Dennoch haben Sie im Jahr 2009 noch den Vorsitz des Berliner KDFB angenommen. Was reizt Sie an dieser Aufgabe?*

BARBARA JOHN: Ich finde es immer irritierend, wenn man sich rechtfertigen muss, dass man nach dem Eintritt in das Rentenalter, also dem 65. Lebensjahr, noch aktiv ist. Das ist doch eine Selbstverständlichkeit, das müssen alle Menschen machen. Wir sind zum Problemelösen und zum Tätigsein geboren und nicht zum Faulenzen. Und insofern ist das Rentenalter

»Wir sind zum Tätigsein geboren und nicht zum Faulenzen.«

doch nur eine künstliche Grenze, die mit der eigenen Aktivität gar nichts zu tun hat. Also gereizt hat mich an dem Job gar nichts, ich wollte ihn auch nie machen. Es war Pflichtbewusstsein, weil es gerade niemanden gab, die Vorsitzende sein wollte.

— *Inwiefern braucht es eigentlich noch spezielle Vereine, die sich für Frauenrechte stark machen? Emanzipation und Gleichberechtigung sind doch inzwischen durchgesetzt.*

BARBARA JOHN: Frauen sind natürlich nicht aufgrund ihrer geringeren Körperkräfte oder aber gesetzlich unterdrückt, aber sozial und gesellschaftlich und ökonomisch sind sie noch nicht auf gleicher Augenhöhe mit den Männern. Wir sehen das an der Besetzung von hochrangigen Ämtern in der Wirtschaft, natürlich auch in der Kirche, ich denke da gar nicht ans Diakonat oder ans Priesteramt, sondern auch an die Verwaltungen. Dabei wissen wir, dass Frauen glänzende Studienabschlüsse haben, dass sie von der Qualität her genauso gut sind wie Männer, wenn nicht zum Teil besser, aber da gibt es natürlich Männerbündnisse, die das einfach nicht zulassen.

— *Wie kann man das durchbrechen?*

BARBARA JOHN: Auch durch eine Quote, die man später wieder abschaffen kann, damit von außen ein Zwang entsteht, nun endlich mal eine Frau in bestimmte Ämter zu bringen. Und dann wird sich zeigen, dass durch Frauen die Ämter verändert werden.

— *Kommen dann beförderte Frauen nicht in den unschönen Verdacht, ihren Aufstieg nur einer Quote zu verdanken anstatt ihren Fähigkeiten?*

BARBARA JOHN: Wieso kommen eigentlich nie die Männer in diesen Verdacht, obwohl gerade sie ihre Posten den männergeprägten Strukturen und Kulturen verdanken, besonders in der Katholischen Kirche? Mir geht es um Leistung und Qualifizierung. Wir haben viele Frauen, die genauso qualifiziert sind, aber weniger Erfahrung haben. Das lässt sich aber nur beseitigen, wenn man in solchen Berufen auch tätig ist. Ich bin nicht für eine Dauerquote. Wenn sich Leistung statt Tradition und Kumpanei durchsetzt, dann werden Männer sich für eine Dauerquote stark machen.

— *Frauen verdienen in Deutschland rund ein Viertel weniger als ihre männlichen Kollegen, heißt es. Sind die Gehaltsunterschiede wirklich so groß, und wenn ja, wie kommt das?*

BARBARA JOHN: Ja, sie sind so groß. 23 Prozent verdienen Frauen weniger. In der Europäischen Union insgesamt ist es weniger, nämlich 17 Prozent. Einmal liegt das daran, dass Frauen häufig Berufsausfallzeiten haben, wenn sie Kinder bekommen und erziehen. Wenn sie danach wieder einsteigen, zahlt man ihnen ein niedrigeres Gehalt für dieselbe Arbeit. Manchmal liegt es auch daran, dass sie formal die Qualifikationen nicht so erfüllen wie ein Mann, der inzwischen Möglichkeiten hatte, sich weiterzubilden. Das muss natürlich beseitigt werden, denn wenn die gleiche Arbeit geleistet wird, dann muss auch das Gehalt stimmen. Aber ich denke, wir sind da auf einem guten Weg, und das ist jetzt ein Thema überall, bei allen gesellschaftlichen Gruppen, der Gewerkschaftsbewegung, bei den Kirchen und bei Frauenverbänden.

Dann würden Frauen mit »Hochwürden« angesprochen

— *In der Praxis stelle ich mir eine gerechte Änderung schwierig vor, solange Frauen die Kinder kriegen. Dazu müßte man ja biologisch was durchbrechen ...*

BARBARA JOHN: Susan Sonntag, eine bedeutende amerikanische Journalistin, hat einmal gesagt: Wenn Männer Kinder kriegen könnten, dann hätte man das Kinderkriegen längst zu einem Sakrament geweiht. Also dann würden Frauen mit »Hochwürden« angesprochen und im übertragenen Sinne in einer Sänfte getragen. Weil Frauen diese biologische Fähigkeit haben und ja auch oft mit Freude ausüben, müssen ihnen Angebote zur Verfügung stehen, um trotz des Kinderkriegens beruflich nicht benachteiligt zu sein.

— *Der Katholische Deutsche Frauenbund macht ja nicht nur gemeinnützige praktische Arbeit. Er will Frauen dabei unterstützen, Familie und Berufstätigkeit zusammenzubringen. Wie sieht das in Berlin konkret aus?*

BARBARA JOHN: Wir haben ein Wiedereinstiegsprogramm, das von der Bundesregierung gefördert wird. 2010 begann ein neues, gefördert vom Berliner Senat. Das richtet sich an Frauen, die nach der Familienphase wieder in den Beruf einsteigen wollen und dazu bestimmte Qualifikationen brauchen. Neben dem Bewerbungstraining, das wird klein geschrieben, gibt es weitere Elemente: Vorstellungen bei Firmen, Zusammenarbeit mit einer Mentorin u.Ä.

— *Ein Mentoren-Modell, wie kann man sich das konkret vorstellen?*

BARBARA JOHN: Wie eine intensive Beatmung, durchgeführt von einer erfahrenen Karrierefrau, Journalistin, Managerin oder Politikerin. Die trifft sich mit ihrer »Mentee«, berät und begleitet sie.

Wir sind eine Rechtsgemeinschaft, keine Gesinnungsgemeinschaft

— *Frau Professor John, sie waren als Ausländerbeauftragte im Berliner Senat über 20 Jahre für die Belange von Migranten zuständig. Sie beklagen, wir hätten in Deutschland eine erschreckend niedrige Toleranz. Aber gerade in Berlin wächst die Tendenz, das Religiöse ins Private zu schieben. Religionszugehörigkeit wird nicht zu den spezifischen Persönlichkeitsmerkmalen gerechnet und in den Pass tragen wir sie auch nicht ein. Haben Sie nicht auch Verständnis für Leute, die bei Kopftuch tragenden Frauen irritiert auf Abstand gehen?*

BARBARA JOHN: Ich habe Verständnis für eine solche Haltung, aber ich teile sie nicht. Ich halte sie sogar für falsch. Mir ist auch nicht klar, warum Religion nun Privatsache sein soll. Religion ist natürlich ein spezifisches Persönlichkeitsmerkmal, wie Weltanschauungen allgemein. Es muss also keine Religion sein, es kann auch eine Weltsicht sein. Das gehört zu mir als Person, und eine Person ist viel mehr als das, was im Pass eingetragen ist. Ich bin der Auffassung, dass Vielfalt – religiöse, kulturelle und politische Vielfalt – grundsätzlich zu bejahen ist, weil in der Buntheit natürlich ein entscheidender Wert des Humanen liegt. Das verteidige ich als Christin. Und ich denke, das muss man auch als Demokratin verteidigen, und von daher habe ich ein ganz anderes Verhältnis zum Kopftuch. Wenn die Frauen das selbstbestimmt tragen und als Ausdruck ihrer Religionszugehörigkeit auch in der Öffentlichkeit zeigen wollen, ist das ihre Sache. Wir sind eine Rechtsgemeinschaft, keine Gesinnungsgemeinschaft. Hier muss sich jeder an die Gesetze halten, aber zu wem er betet, wie er aussieht, was er isst, wie er sich kleidet, jetzt mal unabhängig von der Burka, die würde ich auch ablehnen, das ist seine persönliche Sache.

— *Aber Hand aufs Herz: Wie frei ist ein Mädchen aus patriarchalischer Familie wirklich, ihr Kopftuch zu tragen und am Sportunterricht teilzunehmen? Würde hier ein Ver-*

bot nicht sogar entgegenkommend sein für eine echte Glaubensentscheidung später?

BARBARA JOHN: Also, dass man mit den Eltern natürlich auch die Freiheit der kindlichen Entscheidung bespricht, das halte ich für eine Voraussetzung. Es ist mir vollkommen klar, dass die Bekleidung nicht immer freiwillig gewählt wird, solange man nicht volljährig ist. Aber wenn man volljährig ist, ist es die Entscheidung der Einzelnen. Und dann muss man sie stärken, ja zu sagen, nein zu sagen. Und da wo Druck gespürt wird, wo die Schülerin sich vielleicht auch den Lehrern gegenüber offenbart oder zum Ausdruck bringt, dass im Elternhaus sehr viel Druck ausgeübt wird, da muss man auch eingreifen. Das ist für mich selbstverständlich. Aber Rabatte wegen der religiösen Herkunft, etwa was Schwimmunterricht angeht oder die Teilnahme an Klassenfahrten, die kann es nicht geben. Hier geht's um Menschenrechte.

— *Sollten wir uns von den islamischen Symbolen herausfordern lassen, auch unsere eigenen offensiver zu zeigen? Unsere Weltanschauung aus dem allzu Privaten herauszuholen?*

BARBARA JOHN: Was ist gemeint mit: Es ist Privatsache. Ja, es ist ein Persönlichkeitsmerkmal und damit gehört es zur Würde des Menschen, die von niemandem in Frage zu stellen ist. Viel entscheidender ist doch,

viel bieten könnten. Sie alle haben nicht mal ein kleines Amt in der Kirche, um zu verkünden. Ich denke, das wäre ein Einstieg. Ich bin fest davon überzeugt, wir werden es bekommen, es wird weitergehen, es wird auch das Priesteramt für Frauen geben, und zwar einfach aufgrund der demographischen Notwendigkeit. Die Erfahrung lehrt immer: Wenn die Leute fehlen, dann werden sie, auch über die Hürden, die man bisher aufgerichtet hatte, einfach herangeholt. Dann brauchen sie nicht mehr das richtige Geschlecht zu haben. Und wenn sie dann einmal drin sind, dann erkennt man auch, welche Werte sie eigentlich haben.

— *Das kann man ja auch in der Evangelischen Kirche gut studieren. Den Beruf der Pfarrerin gibt es schließlich auch erst aufgrund der Männerknappheit nach dem Krieg. Eine letzte Frage: Wie finden Sie den Papst? Ist er Ihnen nicht zu konservativ?*

Der Papst ist ein großer Theologe

BARBARA JOHN: Wenn Päpste nicht mehr bewahren und Grundsätze des Humanen und Christlichen verteidigen, wer dann? Das tut Papst Benedikt XVI. Ich erkenne bei ihm auch eine Einsicht, das Leben der Menschen erträglicher machen zu wollen, d.h. starre Dogmatik nicht zu verordnen, sondern in ihrem Kon-

> »Wenn Päpste nicht mehr bewahren und Grundsätze des Humanen und Christlichen verteidigen, wer dann?«

dass wir als Personen mit anderen in Interaktion treten. Das heißt, wir setzen uns auseinander. Und dann ergeben sich natürlich Gespräche und Dialoge, die einen auch selber verändern, die alles verändern.

— *Wie steht es in der katholischen Kirche im Hinblick auf die Frauen? Meinen Sie, dass es da auch zu Veränderungen kommen kann? Dass es irgendwann weibliche Diakone oder sogar weibliche Bischöfe geben wird?*

Wir werden uns weiter für das Diakonat der Frau einsetzen

BARBARA JOHN: Das Diakonat der Frauen steht immer noch auf der Tagesordnung, da hat sich noch nicht viel getan. Es ist ja grundsätzlich möglich, aber die Bischöfe zögern, und wir werden uns weiter einsetzen. Es gibt sicher viele Frauen, die auf ihre eigene Weise das Alte und das Neue Testament auslegen, die gute Theologinnen sind, die den Gläubigen

text zu belassen und damit zu relativieren. Ich finde, dass er eine gute Arbeit macht für die Weltkirche. Wir halten uns als Katholiken in Deutschland immer so ein bisschen für den Nabel der katholischen Welt. Das ist natürlich unsinnig. Der Papst kann und muss aus meiner Sicht konservativ sein, er hat Jahrtausende von katholischer Kirche, von Kirchlichkeit überhaupt zu vertreten, und ich kann mich damit auseinandersetzen und es anders sehen. Dieser Papst ist auch ein großer Theologe, der versucht, Glauben mit Rationalität zu vereinen. Das spricht mich besonders an. (sk)

Barbara John, geb. 1938 in Berlin, ab 1981 erste Ausländerbeauftragte des Berliner Senats. Honorarprofessorin für Europäische Ethnologie an der Humboldt-Universität Berlin, Vorsitzende des Paritätischen Wohlfahrtsverbandes, Landesverband Berlin, Vorsitzende des Katholischen Deutschen Frauenbundes (KDFB), Diözesanverband Berlin.

Der Mann mit der Mütze

Hans-Peter Becker · *Gemeindereferent i. R.*

Wenn er abends – nach einem Hausbesuch – noch in Neukölln unterwegs ist und aus Vorsicht vor einer Gruppe Jugendlicher lieber mal die Straßenseite wechselt, dann kann es schon passieren, dass ihm ein »Ej, Herr Becker, kennen Sie uns nicht mehr?« quer über die Straße hinterhergerufen wird. Denn man kennt ihn in Neukölln, den Mann mit der Baskenmütze, Gemeindereferent Hans-Peter Becker, Kiezseelsorger in St. Christophorus. »Die erkennen mich nur an der Baskenmütze. Als meine ›Tonsur‹ immer größer wurde, hab ich mir die erste im Hafen von Marseille gekauft, die setz ich selbst bei 30 Grad nicht ab!«

Eigentlich ist er im Ruhestand, seit Sommer 2010, aber davon ist nicht viel zu merken, die Begeisterung und das Engagement für »seinen Kiez« und die Menschen dort hat nicht nachgelassen. Vertreter von Traudl Vorbrodt in der Härtefallkommission des Landes Berlin, Sprechstunde bei der Härtefallberatung des Flüchtlingsrats, Vertreter des Erzbistums im »Bündnis der Vernunft gegen Gewalt und Ausländerfeindlichkeit«, Mitglied im Jugendhilfeausschuss von Neukölln, in der Schulkonferenz der Rütlischule, bei Asyl in der Kirche e.V. im Vorstand – die Liste der ehrenamtlichen Tätigkeiten ist lang und ein Ende strebt er selbst nicht an.

2011 ist es dreißig Jahre her, dass Peter Becker in St. Christophorus anfing, als erster Mann im Erzbistum Berlin im traditionellen »Frauenberuf« der Gemeindereferentin.

Üblicherweise sollte man nach zehn bis fünfzehn Jahren auch mal wechseln, »damit man nicht betriebsblind wird«, andererseits hat er eine ganze Generation begleitet: »Ich habe bis zuletzt Kommunionunterricht gegeben, Firmunterricht gemacht, Fahrten – Ostern mit den Kommunionkindern, im Herbst mit den Firmlingen –, da lernt man die Kinder und Jugendlichen gut kennen. Bei meiner Verabschiedung im Juni hab ich mir gewünscht, dass die alle ministrieren, und sie sind auch gekommen, die ältesten waren 40, die kenn ich seit der Erstkommunion!«

Er stimmt nicht ein in die Klage über Berlins »Problembezirk«, und zu dem Stichwort »Sarrazin« will er lieber gar nichts sagen, denn er kennt Neukölln einfach sehr gut. »Als ich da vor dreißig Jahren hinkam, hab ich auch Religionsunterricht an der Rütli-Schule gegeben. Damals waren in meinem Unterricht Jugoslawen, also Kroaten und Slowenen, Italiener und Spanier, ich hatte immer Bezug zu Menschen mit einer anderen Nationalität, allerdings gab es nur ganz wenige aus Ländern, die muslimisch

geprägt sind.« Die Situation war auch im Jugendclub von St. Christophorus nicht anders. Die Kartei hatte Becker vom letzten Kaplan in St. Christophorus, dem heutigen Generalvikar Ronald Rother, übernommen mit mehr als 200 eingetragenen Mitgliedern und Clubausweis. »Jeden Montagabend traf wurden neu aufgerollt, viele bekamen eine neue Chance. »Kirchenasyl ist nicht nur für die Menschen lohnenswert, die zu uns kommen, es ist auch lohnenswert für die Erfahrung, die eine Kirchengemeinde mit Menschen macht, die aus einem ganz anderen Kulturbereich kommen. Auch in St. Christophorus

»Wir wussten uns immer getragen durch den Kardinal, den wir auch immer informiert haben.«

man sich dort und spielte Tischtennis, Billard, Karten oder es wurde getanzt. Aber schon damals waren nur vielleicht 10% deutsche Jugendliche. Die Entwicklung in Neukölln kam nicht so plötzlich und ich fand das immer spannend!«

Kirchenasyl ist eine lohnenswerte Erfahrung für die Gemeinde

Becker selbst, das Seelsorgeteam in St. Christophorus und im Grunde die ganze Gemeinde haben ihre Umgebung ernst genommen. Es ist daher auch kein Zufall, dass St. Christophorus die einzige katholische Gemeinde ist, die regelmäßig Kirchenasyl anbietet, »schon seit Jahrzehnten! Das Schlüsselerlebnis eigentlich für die ganze Gemeinde war das Kirchenasyl für eine Frau aus Syrien, die eineinhalb Jahre bei uns war, vor etwa zehn Jahren. Die hat dann auch in der Küche mitgeholfen bei Veranstaltungen. Viele Leute, die sonst nicht so viel mit Ausländern zu tun haben, haben auf einmal diese Frau erlebt mit ihrer spannenden und tragischen Geschichte. Die dann mit ihrem Herzen reagiert und uns ermutigt haben: ›Das ist gut, dass wir dieser Frau helfen, die kann doch nicht zurück!‹ Dadurch gab es zu dieser Asyl-Problematik einen ganz neuen Bezug. Man ging beschenkt wieder weg.«

Kirchenasyl ist für Peter Becker keine Trotzreaktion, sondern der Versuch, Zeit und neue Einsichten zu gewinnen, »weil wir die Erfahrung gemacht haben, dass wir Menschen, die ein halbes Jahr bei uns gewohnt haben, mit denen wir jeden Tag Kontakt hatten, noch einmal ganz anders kennenlernen konnten. Weil die plötzlich angefangen haben, ihre Geschichte noch einmal ganz neu zu erzählen.« Oft anders als in der angespannten Situation des Asylverfahrens, wo sie unter Zeitdruck mit manchen Übersetzungsproblemen ihr Anliegen schildern mussten. Und meistens hat es sich gelohnt: Viele Fälle waren nicht immer alle dafür und begeistert, dass wir das machen. Deswegen haben wir von vornherein die Gremien mit einbezogen und jeden, den wir aufgenommen haben ins Kirchenasyl, haben wir sonntags im Gottesdienst vorgestellt, damit alle wissen, wer das ist, wenn sie ins Haus kommen. Wir wussten uns immer getragen durch den Kardinal, den wir auch immer informiert haben.«

Er kann gar nicht mehr aufhören, wenn er von dieser Arbeit erzählt, wie von der jungen Frau aus Sri Lanka, die ihrer Familie nachgereist war. Die Familie hatte längst einen »Aufenthalt«, aber sie sollte wieder nach Sri Lanka abgeschoben werden, obwohl sie einen anderen Flüchtling heiraten wollte, der mittlerweile holländischer Staatsbürger war. Die Ausländerbehörde erlaubte ihr nicht, von Berlin nach Amsterdam zu reisen, sie sollte nach Sri Lanka zurück und in Sri Lanka bei der niederländischen Botschaft erneut einen Antrag stellen. Peter Becker holt sich Rückendeckung beim Kardinal und schreibt mit »oberhirtlichem Nachdruck« an die Ausländerbehörde: »Und siehe da: Innerhalb von vier Wochen kam die Erlaubnis, nach Holland zu reisen, dort ist sie mittlerweile verheiratet. Mit ein bisschen Fantasie kann man Wege finden!«

Nicht nur Applaus

Und daran arbeitet er weiter mit. Jeden Montag sitzt er in der Härtefallberatung und hört Menschen zu, die nicht mehr weiterwissen. Nach wie vor vertritt er Traudl Vorbrodt in der Härtefallkommission des Berliner Senats, auch wenn er weiß, in letzter Konsequenz muss er einem Menschen auch die schlechte Nachricht überbringen: »Glauben Sie mir, vor den Sitzungen, das treibt einen schon um, aber noch

»Ich bin der letzte Himmelskomiker, der hier rumläuft ...«

schlimmer ist es hinterher, wenn man Menschen, zu denen man eine gewisse Nähe aufgebaut hat, mitteilen muss: Das hat leider nicht geklappt.«

Für sein Engagement erntet Peter Becker nicht nur Applaus. »Die Kritik fängt manchmal schon in der Familie an, bei meinen drei erwachsenen Kindern. Da muss ich mich schon rechtfertigen, wenn ich mich auch für Straftäter engagiere. Viele von denen haben fast ihr ganzes Leben hier verbracht, sind hier groß geworden, in unsere Gesellschaft hineingewachsen. Da hat unsere Gesellschaft auch eine Mitverantwortung für die Entwicklung, die diese Menschen genommen haben«.

Peter Beckers Leben hätte auch ganz anders verlaufen können, denn zuhause ist er im gutbürgerlichen Wilmersdorf, im Pfarrhaus von Heilig Kreuz (Hildegardstraße). Bei der Entscheidung für Neukölln hatte auch der U-Bahn-Plan eine Rolle ge-spielt: »Du fährst ja auch nicht immer Auto, dachte ich mir«, und am Herrmannplatz gab's eine U-Bahn-Station mit Anschluss in Richtung Wilmersdorf.

Das Hobby zum Beruf gemacht

Und wieso ausgerechnet Gemeindereferent? »Dit is nun ne janz persönliche Jeschichte«, berlinert Becker. 1965 Abitur, dann an der FU Jura studiert, engagiert im Bund Neudeutschland, aber auch involviert in die Studentengemeinde und die »wilden 68er«, »da habe ich mein Studium sträflich vernachlässigt«. Eine Zeit lang war er Hausmann und kümmerte sich um das erste Kind, bis ihn sein Pfarrer Jacques Vernooy auf die Ausbildung zum Gemeindereferenten hinwies. »Dann mach' ich mein Hobby zum Beruf«, entschied sich Becker, der damals bereits als Pfarrgemeinderatsvorsitzender sehr engagiert in der Gemeinde war. Eine Entscheidung, die er nicht bereut hat: »Man merkt, dass man als jemand, der Glauben vermittelt, eine wichtige Rolle für viele Menschen spielt«, und zwar nicht nur für die, die auch glauben. »Die Vernetzung war mir immer wichtig«, sei es im Quartiersmanagement oder im Jugendhilfeausschuss des Bezirks. »Weil ich es wichtig finde, dass wir als katholische Kirche – ich predige das immer wieder – die Tür aufmachen und uns nicht verkriechen, selbst auf dem harten Pflaster wie Neukölln. Wir müssen viel mehr in die Öffentlichkeit gehen, wir müssen uns viel mehr zeigen. Wenn wir das tun, hab ich immer ein positives Feedback bekommen, ich habe eigentlich nie ein Problem gehabt.«

Mit dieser Position ist er auch Mitglied in der Schulkonferenz vom Campus Rütli, jetzt zum zweiten Mal wiedergewählt. »Ich bin der letzte Himmelskomiker, der hier rumläuft, aber auch im Kollegium hab ich meinen festen Stand gehabt. Rütli ist auf unserem Gemeindegebiet, und es ist ganz wichtig, dass Kirche mitbekommt, was da passiert und dass man da mitredet.« »Unser Gemeindegebiet« – das wird er sich wahrscheinlich nicht so schnell abgewöhnen, Ruhestand hin oder her. (fös)

Hans-Peter Becker, geb. 1945 in Berlin, fast 30 Jahre Gemeindereferent in St. Christophorus. Verheiratet, drei erwachsene Kinder.

Im Auftrag Jesu mit den Menschen gehen

Domvikar **Matthias Goy**

Zwischen Moritzplatz und Engelbecken hat die katholische Jugendseelsorge in Berlin ihren Platz. Nirgends sonst in Berlin ist die Teilung der Stadt und des Bistums noch so spürbar wie an diesem Ort: Hier gibt es noch Brachflächen entlang des Mauerstreifens, hier treffen mit Kreuzberg und Mitte auch unterschiedliche Milieus aufeinander. Die St. Michael-Kirche in Kreuzberg wurde erst wegen der Mauer gebaut und ist seit einigen Jahren die Jugendkirche des Erzbistums, die dazugehörige Gemeinde ist mit St. Marien-Liebfrauen zusammengelegt, im ehemaligen Pfarrhaus sitzt auch der Leiter des Erzbischöflichen Amtes für Jugendseelsorge (EAJ), Diözesanjugendseelsorger Matthias Goy.

Als die Mauer fiel, war Matthias Goy gerade 14 Jahre alt und die Berliner Mauer nicht nur geographisch ganz weit weg: »Die politischen Ereignisse haben mich nicht beeindruckt, es war zu ruhig in unserer Gegend.« In Rheinsberg wuchs er in einer beschützten Umgebung auf. »Ich war zwar Pionier, das schien mir mit den christlichen Werten vereinbar, die Jugendweihe habe ich aber nicht gemacht. In meiner Familie war der Katholizismus nicht politisch geprägt.« Was ihn prägt, sind die relativ vielen katholischen Familien in Rheinsberg, auf die er in der Pfarrei trifft, »das war wie eine große Familie, so habe ich Gemeinde und Christsein kennengelernt.« Auch seine persönliche Frömmigkeit wurde durch die Gemeinde geprägt, bis hin zu den Feiern und Festen. Und so idyllisch, wie man sich Rheinsberg auch heute noch vorstellt, war auch sein Alltag: Neben Schule, Pionieren und AGs gab es den »Familienalltag mit Natur, Wald und Wasser. Das hat mich geprägt, von 0 bis 18 waren es eine entspannte Kindheit und schöne Jugendjahre.«

Durch die guten Erfahrungen von familiärem Zusammenhalt in der Gemeinde wird ihm schon früh klar, dass er in der Kirche arbeiten will. Nach dem Abitur bewirbt er sich zunächst als Koch in einer christlichen Einrichtung, doch durch die Wende stehen auch andere Wege offen, und so ermutigt ihn sein Gemeindepfarrer, in Erfurt Theologie zu studieren. »Mein Lebensweg hätte anders verlaufen können, aber der Dienst in der Kirche war mein erster Ansatz gewesen«, sagt Matthias Goy im Rückblick. Erfurt beeindruckt ihn: »Die ganze Stadt mit dem Dom und den Studien, ich habe dort Glauben und Liturgie anders kennengelernt.« Durch die »gute Entfernung« von zu Hause habe er sich anders auf seinen Glauben konzentrieren können. Im Studium interessieren ihn insbesondere die praktischen Fächer wie die Pastoraltheologie, da schreibt er auch seine Diplomarbeit zum Erwachsenenkatechumenat. »Das Motiv des Weges in der Vorbereitung Erwachsener auf ihre Taufe« lautet der Titel. Nach seinem Studium tritt er fast nahtlos seine erste Stelle als Pastoralassistent in

Weißensee an. Schon hier ist Jugendarbeit Schwerpunkt seiner Tätigkeit, und er richtet schon bald sein gesamtes Leben auf die Gemeinde aus. »Als ich dann mit Jugendlichen gearbeitet habe, habe ich mir schon Gedanken gemacht, ob ich das alles so kann. Aber diese Arbeit hat mir Fundamente gegeben, die mir bis heute wichtig sind.« Das Privatleben spielt schon damals eine untergeordnete Rolle, Matthias Goy lebt in einer Wohngemeinschaft mit seiner Schwester, eine Freundin gibt es nicht. »Frauen haben mich nicht interessiert«, so Goy, und auch die Freizeit oder Privates hätten sich in der Gemeinde abgespielt. »Es gab während der Studienzeit erste Gedanken, dass ich Priester werden könnte, doch im Jahr 2000 kam so ein Gefühl und das Gefühl blieb.«

Priester als Übersetzer

Er habe es »vom Herzen her gemerkt« und das sei so geblieben. Über ein Jahr beschäftigen ihn diese Gedanken und er bedenkt sie rational. Doch dann, so erzählt Matthias Goy weiter, dann sei er sich sicher gewesen. »Die Kombination von Nachdenken und

die kleinen Wunder und Momente, in denen Gott steckt, würde vielen Menschen sehr schwer fallen, doch einem Priester seien mehr Momente gegeben, diese zu entdecken und weiterzugeben, erzählt Matthias Goy weiter.

»Die praktische Hürde ist für jeden von uns, nicht die Ruhe und Zeit zu haben für diese Sicht im Alltag. Man hat das Stundengebet oder die Exerzitien, wo man den Alltag unterbricht, aber das sind kurze Oasen und Ruhephasen des Glaubens. Doch die Schwierigkeit Priester zu sein, ist es, im Alltag nicht unterzugehen. Das Volk Gottes wird vom Priester begleitet, wir sind alle zusammen unterwegs durch die Zeit.«

»Im Priester«, so der Jugendpfarrer weiter, »konkretisieren sich die Aufgaben, er ist im Auftrag der Gemeinschaft unterwegs, trägt zusammen, was Kirche und Christsein ist und sein soll.« Er versteht sich als eine ausführende Hand in Amtsfunktion für das Volk Gottes, die dazu da sei, Kirche zu verbinden. »Priester können sich mehr darauf einlassen als Laien, ein Priester ist Mittelsmann, ein Sprachrohr.« Doch die Rolle der Priester unterliegt nach seiner Meinung

»Im Alltäglichen das Besondere sehen, wo ist Gott anwesend, das aufzuzeigen und weiterzutragen.«

emotionalem Wissen, dass es so sein soll«, diese Mischung habe ihm gezeigt, dass es der richtige Weg für ihn sei. »Es gab kein Berufungserlebnis, es gab Momente und die konkrete Arbeit, die mir den Weg gezeigt haben.« Schließlich tritt er ins Priesterseminar ein und wird 2004 zum Priester geweiht.

Als Kaplan in St. Matthias in Berlin-Schöneberg ist er auch Gastgeber für die »Tage in den Diözesen« des Weltjugendtags 2005 und fährt natürlich mit »seinen Jugendlichen« auch nach Köln, bevor er 2006 nach Kreuzberg wechselt ins »Erzbischöfliche Amt für Jugendseelsorge« und Diözesanjugendseelsorger wird.

Heute Priester zu sein, das sei ein Beruf, der angefüllt ist von so vielen Sachen. »Im Auftrag Jesu mit den Menschen den Lebensweg zu gehen« sei nur eine seiner Aufgaben.

»Ich fühle mich als Übersetzer zwischen der Gegenwart und der Realität der Alltäglichkeit. Zeigen, was in unserem Alltag Außergewöhnliches passiert. Im Alltäglichen das Besondere sehen, wo ist Gott anwesend, das aufzuzeigen und weiterzutragen.«

Den Blick als Christ im Alltag zu behalten für all

auch einem Wandel. »Ich glaube, das was Priester tun, das muss sich verändern. Priester müssen sich noch mehr als Hirten und Begleiter verstehen, mit den Menschen zusammen Schritte gehen.«

Den Menschen etwas zutrauen

Zu oft sei eben auch der Priester in seinen alltäglichen Aufgaben gefangen, bekräftigt er seine Worte. Goys Idealvorstellung: »Priester sollten nicht alles machen müssen, sondern sich mehr auf die Menschen und den Glauben konzentrieren dürfen, dann wäre auch der Weg des Hirten wieder einfacher.«

Worin liegt die Zukunft der Kirche? Nach einigen Überlegungen spricht er von einer Zukunft, die geprägt sein wird von Tradition und offenem Umgang damit. »Die Zukunft wird sein, dass sich sonntags immer noch Menschen versammeln und zusammen Gottesdienst feiern. Kirche wird leben! Denn Kirche in Europa ist eine Institution, man sieht das auch in der Kultur oder Pflege, aber gerade diese Nähe zum Staat macht diesen Spagat auch manchmal schwierig. Ich kann mir durchaus vorstellen, dass die Pfarreien größer

werden und dass dann an den Lebensorten der Menschen mehr lebendige Kirche stattfinden wird.«

Lebendige Kirche muss wieder mehr »aufflammen«, gerade bei Jugendlichen beobachtet er eine wachsende Nachfrage nach Traditionen: »Weg von dem nur Intellektuellen hin zum Menschlichen: Segnungen, gottesdienstliche Riten, Natur. Das alles sind Möglichkeiten die ich wieder stärken möchte, und wir wollen gemeinsam mit den Jugendlichen überlegen, was man davon umsetzen und mitnehmen kann. Optische und rituelle Traditionen werden wieder an Faszination gewinnen, wie zum Beispiel die bei Jugendlichen nachgefragte Fronleichnamsprozession.«

Goy hat keine Angst davor, die spezifische Rolle von Priestern oder Bischöfen dabei zu verlieren, dann hat er auch keine Probleme damit, seine Rolle kollegial zu verstehen, »wieder mehr zum Moderator zu werden. Den Menschen können wir mehr zutrauen, wir erleben viel Angst, dass sich was in der Kirche ändert, doch diesen Punkt zu benennen: Wir gehen jetzt hier weiter und wir vertrauen, dass einer die Kirche leitet«.

In seiner ganzen Zeit als Seelsorger hat Matthias Goy hauptsächlich mit Jugendlichen zu tun, als Pastoralassistent, als Kaplan und jetzt im Erzbischöflichen Amt für Jugendseelsorge. Und es wird deutlich, dass er ihnen nicht nur gegenüberstehen, sondern mit ihnen ihren Lebensweg gehen will, wenigstens ein Stück des Wegs. »Im gemeinsamen Miteinander-Leben kann man Altes und Neues verbinden. Wir hängen zu sehr an Strukturen, die eben in manchen heutigen Situationen nicht funktionieren«. Gerade Jugendliche sind oft auf der Suche: »Umso wichtiger ist es, das Gespräch anzubieten und aufzubauen, man muss sich wieder neu vom Geist führen lassen und neue Aspekte zulassen.« (AKM)

> »…man muss sich wieder neu vom Geist führen lassen und neue Aspekte zulassen.«

Domvikar Matthias Goy, geb. 1975 in Rheinsberg, Priesterweihe 2004, seit 2006 Diözesanjugendseelsorger und Leiter des Erzbischöflichen Amts für Jugendseelsorge.

Den Himmel offen halten

Pater Dr. **Bernhard Heindl** SJ

Jesuitenpater Bernhard Heindl hat ein Berufsprofil, um das ihn wohl viele Seelsorger beneiden: Zu ihm kommen Menschen, die neugierig sind, die auf der Suche sind nach Sinn und nach Heil. Sie haben Fragen, die »Otto-Normal-Christen« nicht umtreiben, einer Gemeindereferentin eher selten gestellt werden. Als Leiter der Katholischen Glaubensinformation hat er es mit Gottsuchern zu tun: »Das sind die, die getauft werden wollen, andere, die ihre ererbte Religion oder Konfession hinter sich lassen und meinen, in der Katholischen Kirche besser aufgehoben zu sein, und solche, die ihren Glauben wiederbeleben wollen.« Die Menschen kommen gezielt zu ihm, haben sich informiert, die meisten über das Internet. Die Altersspanne reicht von Mitte 20 bis 70.

Um das Lebensgefühl der Menschen zu beschreiben, die an seine Tür klopfen, zitiert Pater Heindl aus einem Liedtext der Gruppe Silbermond: »Gib mir ein kleines bisschen Sicherheit in einer Welt, in der nichts sicher scheint. Gib mir in dieser schnellen Zeit, irgendwas, das bleibt.«

Lebensziel des Menschen der Moderne sei das »leidfreie Glück«, sagt der Leiter der Katholischen Glaubensinformation, und zwar in allen Lebensbereichen, in der Liebe, in der Arbeit, im Amüsement. Der Mensch vertröste sich auf das Diesseits und betrachte demzufolge sein Leben als letzte Gelegenheit, »maximales Glück in minimaler Zeit« zu gewinnen. Pater Heindl wählt das Bild des Himmels: »Der Mensch erwartet den Himmel auf Erden und sehnt sich doch zugleich nach dem Himmel über ihm.«

Sehnsucht nach Entschleunigung

Als Folgen dieser »Glückssucht« beobachtet der Jesuit bei vielen Zeitgenossen ein Leben in Anstrengung und Eile, einhergehend mit einer Sehnsucht nach Entschleunigung, mit diffusen Ängsten sowie einer Tendenz zur Entsolidarisierung. »Die Menschen haben Angst, zu kurz zu kommen, weil sie meinen, alles hineinpacken zu müssen ins Diesseits. Ein Theologe hat das so ausgedrückt: ›Früher lebte der Mensch 30 Jahre plus Ewigkeit, heute nur noch 90 Jahre.‹« Zwar sehne man sich nach Solidarität, entsolidarisiere sich aber zugleich, indem man alles daran setze, »leidfrei glücklich« zu sein, wobei der Mitmensch mit seinen Glücksansprüchen zum Konkurrenten oder Störenfried werden könnte. Die Konsequenz: »Leidfrei glücklich sein zu wollen, erweist sich letztlich leidvoll als Illusion.« Das versucht Pater Heindl seinen Gesprächspartnern zu vermitteln, denn das Glück ohne Ende sei eine Legende. Zumindest auf Erden.

Von solchem Zeitgeist umfangen, veränderten sich auch die Christen. »Sie sind auf der ›Baustelle Religion‹ ihre eigenen Architekten geworden«, erläutert der Glaubenslehrer und spricht von »Auswahlchristen«. Für sie ist Gott eine unpersönliche höhere Macht und Jenseitsvorstellungen verlieren an Bedeutung. Aus der moralischen Werteskala wird subjektiv ausgewählt. Gegenüber anderen Glaubensvorstellungen pflegt man stille Toleranz und bevorzugt Wahrscheinlichkeitsäußerungen anstelle dogmatischer Festlegungen. »Geglaubt wird, was persönlich als sinnvoll erscheint«, fasst Pater Heindl zusammen und skizziert den Christen der Moderne, auf ein Luther-Zitat anspielend, so: »Hier stehe ich, und ich kann jederzeit anders.«

Leben mit der »halben Wahrheit«?

Und genau diese »Auswahlchristen« sind es, die an die Kirchentür klopfen, das ist die Erfahrung des Jesuiten nach sechs Jahren in der Katholischen Glaubensinformation. In Anlehnung an die religionssoziologische Definition des Konvertiten nennt er sie »häretische Konvertiten«: Menschen, die durch ihre individuelle Auswahl aus dem Kanon des Christentums in der Gefahr sind, in eine religiöse Schieflage zu rutschen und die doch von einer ernstzunehmenden Sehnsucht nach Heil geleitet sind. Problematisch ist eine solche »Selbstbedienung aus dem Gesamtpaket Katholische Kirche« für den promovierten Theologen nicht, er hat keinen rigoristischen Anspruch: »Ich muss bereit sein, vorübergehend mit der ›halben Wahrheit‹ leben zu können. Es ist doch unrealistisch,

einem praktizierenden Atheisten, der wegen seiner Beziehung zu einer Katholikin nach Gott und Kirche zu fragen beginnt, das Gesamtgebäude Christentum vorzulegen.« Legitim sei es, an einem Punkt mit dem Glauben anzufangen und von diesem Punkt aus die Hierarchie der Wahrheiten Schritt für Schritt zu

real existierenden Katholizismus manchmal zugehe. Daraufhin habe er sich entschieden, der Kirche den Rücken zu kehren. Aber, so sagt er, was er in seiner Jugend erlebt habe, die Gemeinschaft, das Engagement für andere, ›das war toll, das sollen meine Kinder auch erleben dürfen, auch sie sollen in so einer

»Wenn ich überlege, wie ich zu glauben gelernt habe, sehe ich, wie sich mein Glaube allmählich aufgebaut hat, wie das Gebäude Stockwerk um Stockwerk gewachsen ist.«

entwickeln. »Wenn ich überlege, wie ich zu glauben gelernt habe, sehe ich, wie sich mein Glaube allmählich aufgebaut hat, wie das Gebäude Stockwerk um Stockwerk gewachsen ist.« Denen, die ihren Glauben reanimieren wollen, rät er, dort anzusetzen, wo sie einmal begeistert waren und von dieser guten Erfahrung aus weiterzugehen: »Ein Mann mittleren Alters erzählt, er habe den Glauben über Bord geworfen, weil er sich mehrfach über das ›Bodenpersonal des lieben Gottes‹ geärgert habe und darüber, wie es im

guten Gemeinschaft groß werden‹.« Obwohl die Kirche gegenwärtig keine guten Karten hat und an Vertrauensschwund leidet, kommen nach wie vor die Menschen zur Katholischen Glaubensinformation, und Pater Heindl wertet es als Chance, »denn dass sie uns aufsuchen, heißt doch, sie verbinden positive Erfahrungen mit Kirche. Sie schätzen es, dass in der Kirche die großen Fragen wachgehalten werden, die Fragen nach Sinn und Ziel, nach Leben und Tod und Ewigkeit, und vermuten zumindest, dass die

Kirche aus ihrem Jahrtausende alten Glaubensschatz Rede und Antwort geben kann aus der Hoffnung, die sie hat.« Sehr oft sei auch die Liebe »schuld« daran, wenn Menschen sich für den Glauben interessieren: »Jemand hat einen Menschen lieben gelernt, der gläubig ist und seinen Glauben auch überzeugend lebt. Und so kommt er oder kommt sie auf die Idee: Das könnte doch was für mich sein.« Auch hier erweise sich die Liebe als eine »Himmelsmacht«.

Sich dem Geist Gottes öffnen

Gleichwohl weiß Pater Heindl, dass sich Seelsorger zwischen dem Anspruch, den katholischen Glauben als Ganzes anbieten zu wollen, und seinem Ausverkauf, wenn um der Statistik willen Sakramente gespendet würden, bewegten, was zu Gewissenskonflikten führe. Grundsätzlich gelte es, das Heil aller Menschen im Blick zu haben – das Heil des daheim gebliebenen Sohnes wie das des Heimkehrers. Die Katholische Glaubensinformation ist eine erste Adresse für Menschen, die das Christentum kennenlernen wollen oder ihren im Laufe des Lebens verschütteten Glauben ausbuddeln wollen, für »Heimkehrer« also. Daraus erwachse die Aufgabe, offen zu sein auch für Menschen, die keine »katholische Idealbiografie« vorweisen können. Pater Heindl nennt den Umgang mit Geschiedenen als ein Beispiel: »Wenn Geschiedene, die eine zweite Partnerschaft eingehen wollen, es zunächst schmerzhaft mit dem Kirchenrecht zu tun kriegen, ist das nicht hilfreich für Menschen, die eine solche Reaktion der Kirche auf ihr urpersönliches Anliegen nicht nachvollziehen können.« Und er verweist auf Jesus Christus, der Verlorene, Gefährdete, sich nach Heil und Heilung Sehnende hineingeholt hat in seine Nähe, den glimmenden Docht nicht gelöscht hat.

Pater Bernhard Heindl hat konkrete Vorstellungen, wie man den verschütteten Glauben vieler Zeitgenossen freischaufeln könne. Dabei weiß er einen unschlagbaren Helfer an seiner Seite, den Heiligen Geist, der die Menschen wachrüttelt, so man ihn lässt: »Der Heilige Geist ist ein Geschenk, und ein Geschenk muss man auspacken, es annehmen. Denn Gottes Gaben sind keine ›Zwangsbeglückungsmaßnahmen‹. Wenn ich mich dem Geist Gottes öffne, gebe ich ihm die Chance, in mir zu wirken.« Als eines dieser Geschenke nennt der Jesuitenpater die Freude und beschreibt, wie er Gott auch Vorschläge unterbreitet: »Ich sage Gott, dass ich in meinem Leben jetzt einfach mal ein wenig Freude brauche, weil alles so traurig geworden ist. Und ich mache die Erfahrung: Es wirkt!« Viele von denen, die den Glauben neu oder wieder entdeckten, bestätigten ihm, wie Hoffnungen, die sie auf Gott setzten, in Erfüllung gingen. Sie haben es ausprobiert, und ihnen hat es geholfen. Allerdings oft überraschend anders, als sie es sich vorgestellt hatten: »So ist das eben bei Geschenken.«

Pater Bernhard Heindl will den Himmel offen halten – dem, der getauft werden möchte, wie dem, der von seiner Taufgnade, die er als Baby geschenkt bekommen hat, nun als vernunftbegabter Erwachsener Gebrauch machen will. Dabei beobachtet er, wie verängstigt die Gottsucher durch die »Vertröstung auf das Diesseits« oft seien. Ihnen versucht er zu vermitteln, dass das Schönste immer noch vor ihnen liegt: »Das hier ist wunderschön, doch es ist nicht alles, Du brauchst keine Angst zu haben, zu kurz zu kommen.« Der Mensch will die Grenzen von Raum und Zeit sprengen; er ist auf Ewigkeit angelegt. Er müsse allerdings lernen, mit seiner »maßlosen Sehnsucht und ihrer mäßigen Erfüllung« zu leben. Diese »Sehnsuchtswunde«, wie Pater Bernhard Heindl, nach Paul Zulehner, eine solche Ambivalenz nennt, »ist die charmante Art Gottes, uns an ihn zu erinnern und daran, dass wir unter dem geöffneten Himmel leben«. Die Kuppel der St. Hedwigs-Kathedrale ist für ihn ein eindrucksvolles Bild für den Himmel, der allen offen steht. (JB)

Pater Dr. Bernhard Heindl SJ, geb. 1965 in Marktredwitz (Oberfranken), in der Gesellschaft Jesu seit 1993, Priesterweihe 2000, Leiter der Katholischen Glaubensinformation im Erzbistum Berlin seit 2004.

Manchmal denke ich mir, das gibt´s doch gar nicht

Agnes Bleyleven-Homann · *Sozialarbeiterin*

In der Allgemeinen Sozialberatung – einem der ältesten Angebote der Caritas – kümmert sich Agnes Bleyleven-Homann um Menschen, die mit ihren Problemen nicht mehr weiter wissen. Sie zeigt ganz konkrete Wege auf, die zur Verbesserung der Lebenssituation führen können. Stück für Stück, oft gemeinsam mit anderen Beratungsstellen der Caritas, hilft sie, so manche Schwierigkeit zu überwinden, die vorher ausweglos erschien.

Mal ist es eine junge Familie, die sich keine neuen Kleider für die Kinder leisten kann. Andere kommen, weil schon am 10. des Monats das Geld alle und der Kühlschrank leer ist. Immer wieder alleinerziehende Mütter, denen – nur auf sich gestellt – alles über den Kopf wächst. Mal sind es Senioren, denen durch Krankheiten und hohe Zuzahlungen für Medikamente das Wasser bis zum Hals steht. »Manchmal denke ich mir, das gibt's doch gar nicht. Mit was für einer Palette von Problemen mir in den Beratungszeiten Menschen begegnen«, sagt Agnes Bleyleven-Homann, Sozialarbeiterin und in der Region Berlin Süd-West für die Allgemeine Sozialberatung der Caritas verantwortlich. »Da sind so viele Menschen unbemerkt in dieser Stadt, die existenziell bedroht sind und ganz am Rande leben. Für all diese sollte ein Ohr da sein.«

Zuhören tut gut

Oft hört sie nach einem Gespräch: »Es hat gut getan, dass sie mir zugehört und geglaubt haben. Jetzt weiß ich, dass noch nicht alles zu spät ist«, erzählt Bleyleven-

Homann. Sich einmal die Not von der Seele reden zu können, das ist viel mehr als nur eine Entlastung für den Moment. »Endlich im Vertrauen all die Probleme benennen zu können, das ist der erste erfolgreiche Kontakt, mit dem diese Menschen aus ihrer Isolation kommen«, berichtet die Sozialarbeiterin. Mut und neue Kraft geben, das sei dann zunächst ganz wichtig. Viele hätten sich über Jahre zurückgezogen und innerlich resigniert. »Bei diesem Basisdienst ist man dann vor allem als Allrounder gefragt, der in einer ersten Etappe schnell und konkret hilft, etwa indem man einen Bescheid der Jobagentur erklärt oder bei der Formulierung des Widerspruchs unterstützt.« Dann folgt oft die Vermittlung an spezielle Beratungsangebote, etwa die Schuldnerberatung der Caritas, die Kinder-Kleiderkammer oder an CARIsatt. CARIsatt, das sind Lebensmittelläden der Caritas, von denen es drei in Brandenburg und einen in Neukölln gibt. Hier können Menschen mit wenig Geld günstig Waren des täglichen Bedarfs einkaufen, verknüpft mit dem Angebot der sozialen Beratung. Ganz praktische Lebenshilfe also. Wichtig ist Agnes Bleyleven-Homann, dass die Menschen nach und nach ihre eigenen Fähigkeiten und Kräfte entdecken. Sie sollen schließlich in die Lage versetzt werden, sich wieder selbst zu helfen, erklärt die Sozialarbeiterin.

Die älteste Schwester als Vorbild

Woher die Kraft nehmen für so viel Not und immer wieder offen zu sein für neue Sorgen? Sicher helfe ihr dabei auch ihre Biografie, erzählt Agnes Bleyleven-Homann. In der Diözese Münster, am Rande des Ruhrgebiets, wuchs sie auf dem Land auf, in einer großen Familie und einer Umgebung, die – ganz selbstverständlich – katholisch waren. »Natürlich gingen alle im Dorf in die katholische Schule, am Tisch wurde gebetet, aber es konnte dabei auch gelacht werden, weil regelmäßig ein unverständliches, plattdeutsches Wort auftauchte«, erinnert sie sich. »Da war nichts abgehoben Heiliges. Man war in Jungkolping und in der Jugendarbeit dabei. Diese Welt strahlte ein großes Gottvertrauen aus, das mich bis heute prägt.« Irgendwann wurde die älteste Schwester dann Sozialarbeiterin. »Da war mir schon in der 10. Klasse klar: Das will ich auch machen.«

Gesagt, getan. Nach Abschluss ihres Studiums fing Agnes Bleyleven-Homann schließlich 1983 in der Caritas Bezirksstelle Wilmersdorf an. Über die Jahre erlebte sie so die Entwicklung des Angebots der Allgemeinen Sozialberatung hautnah mit. Ein Basis-Beratungsdienst, der im Erzbistum in Brandenburg und Vorpommern schon eine lange Tradition hatte. Inzwischen gibt es keine Bezirksstellen mehr. Schon vor Jahren wurde deren Finanzierung vonseiten des Senats gestrichen. Nur aus Eigenmitteln der Caritas konnte das Angebot leider nicht im vollen Umfang aufrechterhalten werden. Ein reduziertes Angebot der Allgemeinen Sozialberatung blieb bestehen. »Das ist natürlich bedauerlich, denn der Bedarf wäre immens. So können wir nur nach telefonischer Vereinbarung Klienten beraten, sonst wäre der Andrang bei den offenen Sprechstunden zu groß«, sagt Bleyleven-Homann.

Kontakt zu den Pfarrgemeinden

Zur Arbeit der Basisdienste der Caritas gehört natürlich der Kontakt zu den örtlichen Pfarrgemeinden. Da sei es gut, sagt die Sozialarbeiterin, dass immer wieder einzelne Projekte die Verbindung zur Caritas stärken. »So wie etwa eine Idee, die nach einem Besuch der Dekanatsjugend Mitte entstand. Die Jugendlichen schlugen vor, Kinder von alleinerziehenden Müttern zu betreuen, wenn diese zum Elternabend mussten oder sich einfach mal entspannen wollten.« Ein toller Erfolg. In Zusammenarbeit mit der Schwangerschaftsberatungsstelle »Lydia« des Sozialdienstes katholischer Frauen wurde das Projekt umgesetzt. »Hieraus sind sogar richtige Freundschaften entstanden.« Aktuell treibe sie eine neue Idee um, verrät Agnes Bleyleven-Homann abschließend. Sie könne sich den Aufbau eines Netzwerkes von Paten vorstellen, das in der eigenen Gemeinde und im eigenen Kiez Kindern, Familien oder Senioren in Not unter die Arme greift. »Hilfe ganz konkret, ganz nah, direkt vor Ort, eben das, wofür Caritas steht.« (tgl)

Agnes Bleyleven-Homann, geb. 1951 in Berlin, Sozialarbeiterin in der Allgemeinen Sozialberatung der Caritas, verheiratet, zwei erwachsene Kinder.

> **»Hilfe ganz konkret, ganz nah, direkt vor Ort, eben das, wofür Caritas steht.«**

Man muss vor Gott keine Höchstleistungen erbringen

Pfarrer Matthias Brühe

Eigentlich wollte er in Hennigsdorf bleiben, zum Abschied hat sich Pfarrer Matthias Brühe zum Fototermin mit der Tageszeitung ein T-Shirt mit der Aufschrift »Jammern hilft nicht« angezogen. »Ich war in Hennigsdorf glücklich verheiratet. Da sucht man nicht nach einer neuen Braut, auch wenn sie attraktiv ist«. Er hat der »Scheidung« dann doch zugestimmt und die »neue Braut« ist wirklich attraktiv und noch größer: »Es sind mehr Kirchen auf einer größeren Fläche zu betreuen. Das macht es noch einmal schwieriger, die Kontakte aufzubauen. Die Probleme – Wie geben wir den Glauben weiter? Wie gewinnen wir Ehrenamtliche? Wie setzen wir das Evangelium im Alltag um? – sind ähnlich. Aber die Menschen sind auch hier zum Glück aufgeschlossen und kooperativ und so gehen wir den Weg gemeinsam.«

Er versucht das Gemeindeleben lebendig zu halten mit Humor und Geduld, auch in den Predigten. »Christen sind das Salz für die Erde, auch wenn es eine kleine Gruppe ist«, meint Pfarrer Brühe, so war es in Hennigsdorf, so soll es in Brandenburg an der Havel bleiben: »Wir werden wahrgenommen, treten nach außen und werden angefragt von der Öffentlichkeit, z.B. bei Interviews für Zeitungen.«

Am 6. Dezember steht er selbst als Nikolaus im Bischofsgewand in der Fußgängerzone und versucht, nicht nur den Kindern nahezubringen, dass der Heilige Nikolaus ein christlicher Bischof war. Überhaupt feiert Pfarrer Brühe gern die Heiligenfeste, da sie ganz unterschiedliche Menschen waren, die auf ihren Lebenswegen das Christentum gelebt haben, oftmals ganz bescheiden. »Man muss vor Gott keine Höchstleistungen erbringen, sondern oftmals reicht es, das Einfache zu tun, was in seinen Augen gut ist.«

Am Karfreitag 1965 wurde Matthias Brühe in Berlin geboren. Vielleicht sei er ja deswegen Priester geworden, bemerkt er schmunzelnd. In seiner Familie war Glauben etwas Selbstverständliches, auch wenn er sie nicht als »besonders« fromm empfand. »Ich habe mich nie gedrängt gefühlt, hatte aber auch keine Angst vor Gott.«

Er engagierte sich schon früh im Gemeindeleben. »Als der neue Pfarrer Bernhard Biskup 1981 mit großem Elan begann und auch viel mit den Jugendlichen unternahm, wurde ich Dekanatsjugendsprecher und wuchs nach und nach in die Aufgaben hinein. Er war für mich ein Glaubensvorbild – von ihm wurden wir ernst genommen und merkten, dem liegt was an uns.« Pfarrer Biskup begleitete die Kinder und Jugendlichen auf ihren Fahrten. Matthias Brühe begleitete er auch durch das Studium hindurch, obwohl er nach dem Abitur 1983 zunächst ein Chemiestudium begann. »Irgendwann sah ich mich vor die Frage gestellt: Chemiker gibt es viele, doch Priester?« Mit etwa 50 anderen fing er in Paderborn an, Theologie zu studieren. »Es war eine sehr bunte und illustre Gesellschaft im Paderborner Priesterseminar, man fand Gleichgesinnte und hatte Teil an der ›Vielfalt des Katholischen‹. Wir schleiften uns hier und da auch gegenseitig ab.« Was er dort gelernt hat? »Man kann seinen Weg gehen, soll den anderen aber gelten lassen und es auch wahrnehmen, wenn man selbst übers Ziel hinausschießt.«

Es lohnt sich, den Glauben zu bewahren

Seine große Leidenschaft gilt im Studium dem Fach Kirchengeschichte, darin schreibt er auch seine Diplomarbeit, und er bleibt der Kirchengeschichte verbunden. Die »Brühe-Schriften«, sieben dünne Bändchen über die Geschichte der Berliner Kirchen und Pfarreien, sind nach wie vor Standard und auch überarbeitet in das aktuelle Buch über die Geschichte des Bistums eingegangen.

Eine spektakuläre Berufungsgeschichte kann Pfarrer Brühe nicht erzählen. »Es kam durch Hineinwachsen, Erleben, selbstverständliches Annehmen und die Feststellung, dass es gut ist, dass es den Glauben gibt, und es gut ist, ihn anderen weiterzugeben und darin Vorbild zu sein für andere.« Das hat er bei Pfarrern und

Kaplänen seiner Jugendzeit erlebt und erlebt es zum Glück auch in seiner Gemeinde. Priesterlicher Dienst gehört zur Struktur der Kirche, so Brühe. »Ich habe das Vertrauen, dass Christus mir sagt, ›Matthias, du bist da auf einem guten Weg und ich trage das mit‹.«

Die Eucharistie bedeutet ihm besonders viel. Den Kommunionkindern zum Beispiel will er vermitteln, dass Gott uns hier nahekommt. »Eucharistie ist das Mysterium Gottes und auch die Freude an Gott, die durch Brot und Wein deutlich wird.« Wichtig ist ihm auch die »Ökumene mit katholischem Hintergrund«.

Sein Urteil über die Zukunft der Kirche fällt ambivalent aus: »Allgemein ist es traurig und schade, wie oft Menschen in der Kirche mit den besten Absichten immer wieder scheitern, in jeder Hinsicht. Aber immer wieder kann man einen neuen Versuch starten! Denn für den lieben Gott ist es nie zu spät. Gott gewährt jedem eine Chance, der es ehrlich meint. Wenn jemand versagt und sich dann verändern will, soll er die Chance auch kriegen, nicht verurteilt werden.« Auch dass im Zuge des Missbrauchskandals die Tatsachen auf den Tisch kommen, findet Pfarrer Brühe

»Tradition ist die Weitergabe des Feuers und nicht das Bewahren der Asche.«

Wie verstehen z.B. andere Konfessionen die Heilige Schrift, das beschäftigt ihn. Und er versucht, Menschen dabei zu helfen, zu deuten, was sie erleben. »Was will Gott mir damit sagen? Was erlebe ich gerade, ist das ein Fingerzeig Gottes? Muss ich als Mensch darauf reagieren?« Sein Primizspruch passt dazu: »Herr, zu wem sollen wir gehen? Du hast Worte des ewigen Lebens« (Joh 6,68), antwortet Petrus auf Jesu Frage an die Jünger, ob auch sie gehen wollen. Für Pfarrer Brühe bedeutet das: »Wenn ich was finden will, was Halt gibt, auch über dieses Leben hinaus, dann finde ich das in Jesus.« Es lohnt sich, den Glauben zu bewahren, sagt er, und das Bekannte immer wieder neu für sich zu entdecken: »Im Stundengebet oder in der Eucharistie liest man manchmal die Gebete, die Sätze hundert Mal, aber auf einmal bleibt ein Satz hängen und man erkennt etwas neu. So erlebt man die Dinge, die gleich bleiben, nicht als eintönig, sondern auch als Sicherheit, macht dabei aber immer auch neue Entdeckungen.«

Die Kirche muss auf der Seite der Schwachen stehen

Ob er sich als progressiv oder konservativ versteht? Pfarrer Brühe erlebt Kritik von beiden Seiten, von »Progressiven« und »Konservativen«, und denkt deswegen, dass er selbst in einer guten Mitte steht, zwischen Fortschritt und Tradition. »Tradition ist die Weitergabe des Feuers und nicht das Bewahren der Asche, dieser Spruch gefällt mir gut. Als Georg Sterzinsky in der Philharmonie 1989 als neuer Bischof vorgestellt wurde, wurde er auch gleich gefragt, ob er progressiv oder konservativ sei. Damals antwortete er sinngemäß: Beides, denn er sehe seine Aufgabe darin, die Wahrheiten des Glaubens so zu bewahren, dass sie immer wieder neu angewandt werden können.«

hilfreich. Es handele sich dabei um eine Chance für die Kirche, sich auf die Seite der Schwachen zu stellen. Pfarrer Brühe erinnert an das Evangelium von der Ehebrecherin, wo Jesus sagt: »Auch ich verurteile dich nicht. Geh und sündige von jetzt an nicht mehr!« (Joh 8,11).

Insgesamt sieht er die Kirche »als eine prophetische Stimme, die unbequem ist, aber die zu hören sich dennoch lohnt. Das ist die Chance. Wir sind manchmal lächerlich als Kirche, doch ich hoffe, dass unsere Botschaft wahr ist und weiterhilft, auch wenn wir uns kritisch hinterfragen müssen und das Alte neu zu deuten haben.«

Wie wird es weitergehen können mit Gemeinde und mit Kirche? Der Zölibat, das Priestertum der Frau, die Voraussetzung des Theologie-Studiums fürs Priestertum, all das sind Themen, denen man offen begegnen sollte. Ihm liegt daran, die Gemeinde zu binden, denn die Rückbindung an die Kirche als weltweite Gemeinschaft ist schwieriger als die Bindung an die Gruppe vor Ort. Dennoch ist es wichtig, sich als Weltkirche zu verstehen und bei großen Ereignissen den Zusammenhalt zu spüren. »Ich habe schon Sorgen um die Zukunft der Gemeinden, es wird immer schwieriger, wir werden immer weniger Priester mit immer mehr Aufgaben. Die Kriterien fürs Priesteramt sollten überdacht werden. Jeder einzelne Christ soll von Gott sprechen – wie sieht er die Welt, was erwartet er von den Menschen – ermahnend wie ermutigend.« (KM)

Pfarrer Matthias Brühe, geb. 1965 in Berlin (West), Priesterweihe 1993, Kaplan in Greifswald, Studentenpfarrer und seit 2000 Pfarrer in Hennigsdorf, seit September 2010 Pfarrer in Brandenburg an der Havel.

Da hat der liebe Gott seine Finger drin

Markus Weckauf · *Malteser*

Markus Weckauf gehört zu den »fliegenden Engeln«; er fliegt mit einem Hubschrauber der Bundeswehr, um Menschen zu retten. Und räumt erst einmal mit Legenden auf: »Wie so ein Hubschrauber aussieht, kennt man ja zum Beispiel durch die Fernsehserie ›Die Rettungsflieger‹. Aber fürs Fernsehen werden halt Extremsituationen gedreht, bei uns gibt's keinen Notarzt, der durch einen Kugelhagel rennt«, erzählt er. Hauptaufgabe der Besatzungen der großen grünen Brummer sei die Suche nach vermissten oder abgestürzten Flugzeugen, die Rettung von Besatzungen und Passagieren, Erste-Hilfe-Leistung für Verletzte sowie deren Transport. Stabsfeldwebel Weckauf war dienstlich in Portugal, in den USA, in Griechenland, der Türkei und in Italien. Er hat Verwundete aus Afghanistan geholt, war im Gazastreifen eingesetzt oder im Kosovo. Stationiert ist er im Fliegerhorst Holzdorf im Elbe-Elster-Kreis. Was damit zu tun hat, dass er ein »Familienmensch« sei, wie er sagt. »Man kann bei der Bundeswehr natürlich auch alle zwei Jahre versetzt werden und das in Kauf nehmen. Ich wollte das meinen Kindern ersparen. Sie sollen in Ruhe in die Schule gehen.«

Markus Weckauf ist jetzt 41 Jahre alt. Mit 21 hat er geheiratet, seine Frau Tatiana Domanti-Weckauf managt mit sizilianischem Temperament die Familie. Hinter einem Soldaten steht eine Frau, die zurückstecken muss, das hat sie akzeptieren gelernt. Ihr Problem sind die Zeiten, da sie ihren Mann irgendwo in einem Krisen- oder Kriegsgebiet weiß, nur nicht zuhause in Jüterbog. Zwei Kinder gehören zu den Weckaufs. Natascha ist Abiturientin, ihr Bruder Marco geht auch noch zur Schule. Und an bis zu 200 Tagen im Jahr ist ihr Vater nicht zuhause.

Vor 14 Jahren ist die Familie nach Jüterbog gezogen. Für den Mann vom Niederrhein war es nicht ganz einfach, die Herzen der Brandenburger zu gewinnen: »Man hat uns zwar die Tür aufgemacht, hat uns aber nicht reingelassen. Also anders als im Rheinland. Aber wenn einen die Menschen hier erstmal ins Herz geschlossen haben, dann ist kein Unterschied mehr festzustellen. Wir fühlen uns hier wohl.« Allerdings, so differenziert er, ist Heimat für ihn immer dort, wo seine Familie ist. Bedingt durch die Auslandseinsätze der Bundeswehr hat er ein tiefes Verhältnis zur Familie entwickelt: »Wer das Elend rund um den Erdball gesehen hat, der sieht Frau und Kinder mit anderen Augen. Jedes Mal, wenn wir Abschied nehmen, weil ich zum Beispiel nach Kabul muss, denke ich, es könnte das letzte Mal sein«, sagt er auffallend leise, und seine fröhlich und spitzbübisch funkelnden Augen schimmern dunkel. »Wir trennen uns auch nie im Streit, das könnte ich nicht aushalten.«

Für das Wurzeln-Schlagen der Familie im märkischen Sand war die Jüterboger Pfarrgemeinde St. Hedwig wichtig, die heute nicht mehr selbstständig ist. Als Rheinländer ist Markus Weckauf erwartungsgemäß katholisch. Zusammen mit seiner italienischen Frau, auch sie katholisch, engagierte er sich in der Pfarrei in einem Familienkreis. An den Dialekten seiner Mitglieder merkte man, dass die wenigsten gebürtige Brandenburger waren. Aus den Masuren, dem Rheinland, aus Ostpreußen hatte es die Katholiken nach Jüterbog verschlagen. Der Grund dafür meist – wie bei Weckaufs – die Arbeit. Wie zu der Zeit, als die schmucke kleine Kirche St. Hedwig erbaut wurde, das war 1893. Damals wuchs die Zahl der Katholiken, weil die Artillerie-Schießschule nach Jüterbog verlegt wurde. Jüterbog wurde Garnisonsstadt.

Malteser sind mehr als der Schnaps!

Markus Weckauf ist Stabsfeldwebel. Er kann Verletzte reanimieren, Traumatisierte versorgen, und er kann schießen. Wer vor Jahren durch den Fläming fuhr, konnte lange Zeit an einer Brücke den Spruch lesen: »Soldaten sind Mörder«. Soldat Weckauf winkt ab. »Ich übe meinen Beruf aus, um Menschenleben zu retten, und ich denke, inzwischen haben auch die Brandenburger umgelernt. Spätestens seit der ›Jahrhundertflut‹ 2002 oder bei Bränden auf dem ehemaligen Truppenübungsplatz, wo immer noch Munition hochgeht, haben sie gemerkt: Wäre die Bundeswehr nicht gewesen, hätte es schlimmere Ausmaße angenommen.«

Leben zu retten, ist für den kräftig gebauten Mann der Lebenssinn. Deshalb hat er 2003 den Malteser-Hilfsdienst für Jüterbog gegründet, gemeinsam mit dem Familienkreis der katholischen Gemeinde und ihrem damaligen Pfarrer Jürgen Wiechert. Früher schon war Markus Weckauf ehrenamtlich bei den Maltesern aktiv. Im Brandenburgischen gelandet, hatte er es irgendwann satt, dass dort der Malteser lediglich als Schnaps bekannt war. Und ausgerechnet ein kulinarisches Problem kam seinem Gründerwillen zu Hilfe: Im Familienkreis der Pfarrei trafen sich zu Glanzzeiten bis zu 35 Mitglieder. Sie beschäftigen sich mit dem Wort Gottes, mit Glaubenslust und -frust, feiern die Feste des Kirchenjahres zusammen. Manchmal geht aber auch die Liebe zu Gott durch den Magen, und man will was Gutes essen, zum Beispiel nach einem Bibelgespräch, davon ist ein Rhein-

»Jedes Mal, wenn wir Abschied nehmen, weil ich zum Beispiel nach Kabul muss, denke ich, es könnte das letzte Mal sein.«

länder wie Markus Weckauf zutiefst überzeugt. Die Genese des Malteser-Hilfsdienstes für den Kreis Teltow-Fläming klingt dementsprechend nach rheinischem Pragmatismus: »Wir hatten nämlich damals ›Verpflegungsnotstand‹ im Familienkreis, denn wer kann schon in seiner Einbauküche für 35 Leute kochen«, erzählt er. Also schlug der praktisch wie zielorientiert denkende Mann vor, dieses Problem »nachhaltig« zu lösen, obwohl es damals diesen Begriff noch gar nicht gab: »Seit 1984 bin ich bei den Maltesern und dachte mir, diesen Dienst könnten auch die Jüterboger gut vertragen. Das habe ich den Leuten vom Familienkreis im wahrsten Sinn des Wortes schmackhaft gemacht, denn als Malteser konnten wir auch eine Gulaschkanone beschaffen, um für alle zu kochen.« Durch den damaligen Pfarrer der Hedwigsgemeinde erhielten die angehenden Malteser spirituelle wie handfeste Unterstützung. Beispielsweise durften sie das Pfarrbüro mit nutzen, was in den »Gründerjahren«, als nur wenige über Fax, Kopierer oder Handy verfügten, viel wert war.

Ehrenamtliche mit Durchhaltevermögen

Träger des Malteser-Hilfsdienstes ist die katholische Kirche. Doch jeder kann sich, unabhängig vom per-

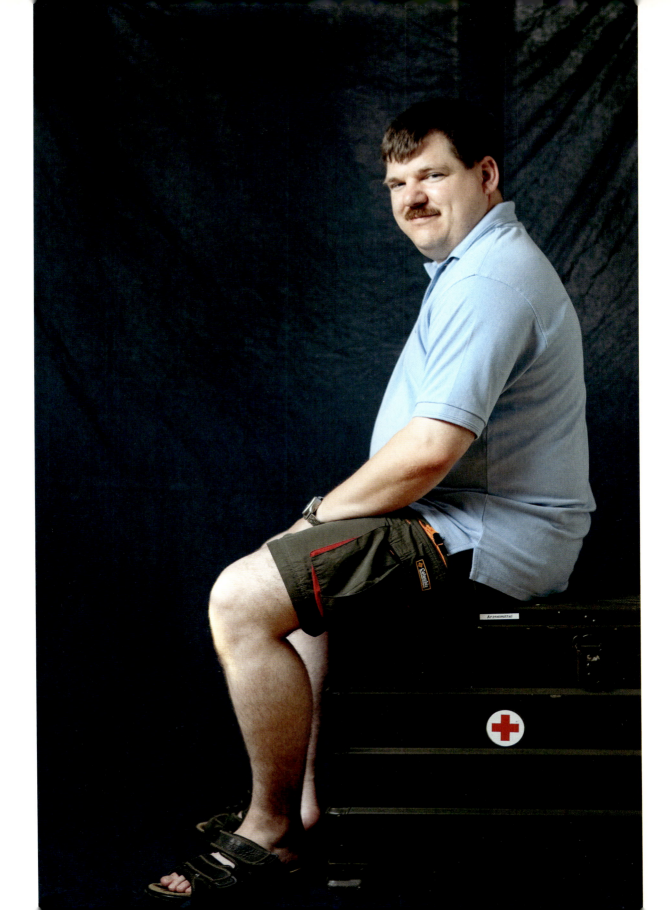

sönlichen Glauben oder Unglauben, für die Malteser stark machen, erklärt Markus Weckauf, »denn es gibt keine katholische, evangelische oder atheistische Erste Hilfe«. Die wenigsten derer, die heute bei den Maltesern im Teltow-Fläming-Kreis ehrenamtlich mitarbeiten, sind kirchlich sozialisiert. Andererseits behauptet er nicht ohne Stolz, dass die Jüterboger Gliederung wohl die meisten Erwachsenentaufen vorweisen könne: »Besonders auf unseren Hilfstransporten nach Kroatien und Bosnien, durch all das, was wir da sehen, worüber wir sprechen, manchmal nächtelang am Lagerfeuer, oder durch die sehr emotionalen Gottesdienste dort interessieren sich immer wieder Leute für den Glauben. Und zwar manche, von denen man es gar nicht vermutet hätte. Da hat der liebe Gott seine Finger drin!«

In Jüterbog haben die Malteser die Ausbildung in Erster Hilfe sowie in Notfallmedizin initiiert. Haus-Notruf-Dienst, Kleiderkammer und Feldküche versorgen Bedürftige. Es gibt eine Möbelbörse und einen Auslandsdienst, die Kroatien-Bosnien-Flüchtlingshilfe. Zweimal im Jahr werden Hilfsgüter in diese nach wie vor krisengeschüttelte Region Südosteuropas gebracht. Die Malteser-Jugend engagiert sich beim Schulsanitätsdienst sowie beim Besuchsdienst im katholischen Seniorenstift St. Joseph in Luckenwalde. Der offene Jugendtreff floriert, und zwar ohne Alkoholausschank. Dass sich eine relativ große Zahl von Jugendlichen in ihrer Freizeit bei den Maltesern engagiert, erfreut Markus Weckauf ebenso wie es ihn erstaunt, da es ja nicht leicht ist, junge Menschen »für einen verbindlichen Einsatz zu begeistern und über Jahre bei der Stange zu halten«.

Markus Weckauf ist selbst überrascht: »Vor sieben Jahren hätte ich nicht im Traum gedacht, dass wir so erfolgreich sein werden.« Leichter vorgestellt hat er es sich in seinem »jugendlichen Leichtsinn« allerdings auch: »Das war massive Arbeit, hat ohne Ende Nerven gekostet.« Besonders stolz ist er auf das »Durchhaltevermögen« der ehrenamtlichen Helferinnen und Helfer, die auch bei 38 Grad im Schatten, wie im Juli 2010, nach Feierabend stundenlang Kleider- und Möbelspenden sortieren und transportfähig verpacken. Ihre Treue sowie die Bestätigung durch die Menschen, denen sie helfen, stimmen ihn zuversichtlich, dass es »mit den Maltesern gut weitergeht im Kreis Teltow-Fläming«.

Auch Nächstenliebe kostet Geld

Zivilcourage heißt das Zauberwort von Markus Weckauf, Zivilcourage als der Mut zuhause im Gegensatz zur Tapferkeit an der Front. Dennoch bemüht sich der »Do-it-yourself-Mann«, auch die Grenzen ehrenamtlichen Engagements realistisch zu ziehen: »Mehr können wir Jüterboger kaum leisten. Und jeder von uns muss aufpassen, dass er selbst und die

Familie nicht zu kurz kommen.« Was natürlich auch für ihn gilt, weshalb ihn gelegentlich das schlechte Gewissen gegenüber seinen Kindern plagt. Ein Trost: Natascha und Marco engagieren sich bei der Malteser-Jugend. Außerdem nerve der ständige Kampf ums Geld: »Wir sehen, wie die Menschen unsere Hilfe brauchen und wie sie sich freuen, dass wir sie nicht vergessen, aber wir stoßen immer wieder an die Grenzen der finanziellen Möglichkeiten, das frustriert.« Auch Nächstenliebe kostet Geld.

Bleibt die Frage: Warum tut sich Markus Weckauf das alles an? Da kommt er von einem Einsatz zurück, bei dem er Verletzte mit der Winde in den Hubschrauber gehievt, dort um deren Leben gekämpft –

für ihn, »back to the basics« nennt er es. Doch bei seinem Dienstplan und dem ehrenamtlichen Stress quälen ihn keine seelischen Schmerzen, sollte er sonntags einmal ausschlafen und ausgiebig mit der Familie frühstücken wollen. »Ich bin katholisch, und das nicht nur sonntags«, rechtfertigt er das auf rheinländische Weise und lacht. »Schließlich muss man erst sündigen, um beichten zu können.« Dafür hält er »als tätige Reue« die katholische Fahne in Jüterbog hoch, sichert den Jugendkreuzweg der Pfarrei ab, nimmt das Malteser-Banner zur Fronleichnamsprozession mit.

Unterschiede zwischen rheinländischem und brandenburgischem Katholizismus stellt er nach wie vor fest: »Der Brandenburger versteckt sich gern, so nach

»Ich bin katholisch, und das nicht nur sonntags.«

und vielleicht verloren – hat, zieht dann die Bundeswehruniform aus, die Malteserkluft an und verbringt seinen Feierabend beim Einrichten einer Wohnmöglichkeit für die Frau, deren Mann sie mitsamt ihres kleinen Kindes auf die Straße gesetzt hat. Oder er befeuert die Feldküche, um für Bedürftige Erbsensuppe zu kochen. Warum? Der Luftrettungsmeister antwortet mit einer Erfahrung, die ihm »jedes Mal Gänsehaut bereitet«, obwohl sie objektiv zur beruflichen Routine gehört: »Wenn der Verletzte im Hubschrauber ist, läuft alles nach Vorschrift, da gibt's weder tiefsinnige Gedanken noch fromme Gefühle, klar. Aber wenn ich den Puls taste bei dem, der da vor mir liegt, und dann am Monitor sehe, wie dessen Herzfrequenz sinkt, heißt das doch: Im Unterbewussten nimmt er wahr, wie ich ihn berühre, dass jemand bei ihm ist. Für mich hat das mit Gott zu tun. Oder wenn ich in die Augen des Kindes gucke, dem wir aus der Möbelbörse erstmal Tisch, Stuhl und Bett hingestellt haben und ein Kuscheltier als erste Hilfe für seine Seele obendrauf, und das Kind freut sich, dann hat auch das für mich mit dem Glauben zu tun.« Das Sich-Sehnen nach Geborgenheit, nach Heimat und nach Frieden nimmt er sehr bewusst wahr, auch in »Dienst nach Vorschrift«-Situationen. Es scheint, als prägten zwei Grundstimmungen sein Denken und Fühlen: das Fröhliche und das Ernsthafte.

Markus Weckauf ist überzeugt, »Gott schubst jeden in die richtige Richtung«, in eine, die seinem Wesen, seinen Sensoren und Talenten entspricht. Gern besucht er die Heilige Messe, sie ist eine spirituelle Tankstelle

dem Motto ›huch, ich bin katholisch, hoffentlich sieht mich keiner‹. Die Rheinländer sagen: ›Hey, hier sind wir, wir sind katholisch und trotzdem okay!‹« Dass es nicht wirklich schwer sei, die Fahne hochzuhalten, wo »alle« sich katholisch nennen, gibt er zu. Und versteht inzwischen auch, wenn 40 Jahre »real existierender Sozialismus« die Lust auf missionarische Breitenwirkung gedämpft haben. Aber »das ist doch nun schon mehr als 20 Jahre her, Leute«, stellt er fest und schüttelt den Kopf. Leidenschaftlich wirbt er für offene Kirchen und Gemeinden – und natürlich für die Malteser.

Wenn nun aber – was Gott verhüten möge – sein robuster Glaube doch bröckeln würde angesichts von Toten in Afghanistan oder kroatischer Flüchtlingsschicksale? »Dann würde ich, oder besser: dann hoffe ich, weiter Gutes tun zu dürfen«, sagt Markus Weckauf nach einigem Zögern und schaut nach oben, in die Ferne. Gott sei für ihn »das beschützende Wesen, das über uns seine Hand hält«. In allen Situationen. Und käme die berühmte gute Fee zu ihm, dann wünschte er sich, »dass die Malteser gedeihen, dann Gesundheit, Zufriedenheit, Ausgeglichenheit und dass Gott immer in der Nähe sein möge, in Jüterbog wie in Kabul.« (JB)

Markus Weckauf, geb. 1969 in Grevenbroich / Niederrhein, Rettungsassistent, Luftrettungsmeister, Stabsfeldwebel der Bundeswehr, verheiratet, zwei Kinder. Kreisbeauftragter der Malteser für Teltow-Fläming, Stadtbeauftragter der Malteser für Jüterbog.

Kirche sollte hauptsächlich da sein, wo niemand ist

Sr. **Cornelia Bührle** RSCJ

SR. CORNELIA BÜHRLE: Ich erinnere mich, wie ich Schwarz-Weiß-Fotografien anschaute, die im Arbeitszimmer meines Vaters herumlagen, darunter Bilder, wo Weiße auf Schwarze einprügelten. Ich fragte meine Eltern, warum, und sie erklärten es mir. Da beschloss ich, in die USA zu gehen, um Martin Luther King zu helfen. Es muss unmittelbar vor meiner Einschulung gewesen sein, ich hatte meinen Sonntagsmantel angezogen und meinen kleinen Koffer schon gepackt. Ich sagte: »So, ich gehe jetzt zu Martin Luther King!« und fragte meine Eltern, wie ich zu ihm käme. Sie erklärten mir, er spreche nur Englisch; Englisch würde ich in der Schule lernen, daher sollte

in die Ordensgesellschaft vom Heiligen Herzen Jesu (Sacré Cœur) ein. Es folgten zwei Jahre Noviziat in Hamburg und das Ablegen der zeitlichen Gelübde für sechs Jahre. In dieser Zeit war ich Schulsekretärin, Sakristanin und Rechtskundelehrerin.
— *Und dann ergab sich die Gelegenheit, wieder nach Afrika zu gehen. Ihrer Sehnsucht zu folgen …*
SR. BÜHRLE: In unserem Orden ist es üblich, vor den Ewigen Gelübden aus dem eigenen Kulturkreis herauszukommen um auch etwas anderes kennenzulernen. So ergab es sich, dass ich an der staatlichen Universität im Tschad eine Vertretungsprofessur in Jura übernehmen konnte. Daneben erteilte ich am

»Es ist eine Affinität zu Schwarzen, zu Afrika und zu Gerechtigkeitsfragen geblieben.«

ich doch lieber erst einmal dorthin gehen. Das hat mich überzeugt. Aber es ist eine Affinität zu Schwarzen, zu Afrika und zu Gerechtigkeitsfragen geblieben.
— *Und wann durften Sie dann endlich Ihre Koffer packen?*
SR. BÜHRLE: Während der Gymnasialzeit ging ich für ein Jahr nach Kalifornien, einen Teil meines Referendariats durfte ich in Kinshasa, Kongo, damals »Zaire«, machen. Dort arbeitete ich u. a. in einer Anwaltskanzlei als Rechtsanwältin, lebte am Wochenende in einem der Slums nahe am Zentralgefängnis in Makala.
— *Von der Rechtsanwältin zur Ordensschwester – was hat Sie in diese Richtung gezogen?*
SR. BÜHRLE: Zwischen dem ersten und zweiten Staatsexamen stellte ich mir die Sinnfrage. Dazu wollte ich mich einmal völlig zurückziehen und mein Inneres erforschen. Eine ehemalige Lehrerin empfahl mir ein Haus des Sacré-Cœur-Ordens in Göteborg. Völlig überraschend für mich, empfand ich das Ordensleben als anziehend. Die Provinzoberin riet mir, zuerst mein Referendariat zu machen und das zweite Staatsexamen abzulegen. 31-jährig trat ich dann 1984

Gymnasium unseres Ordens in der Hauptstadt N'Djamena noch Unterricht in Staatsbürgerkunde. Ich konnte auch Menschenrechtsarbeit betreiben. Unter anderem begleitete ich drei Menschenrechtsorganisationen bei deren Gründung.

Pflaumenkuchen mit Schlagsahne zur Begrüßung

— *Die weiteren Jahre waren erfüllt mit Menschenrechtsarbeit im Tschad, einem Theologie-Kompaktkurs in Paris, ignatianischen Exerzitien in Rom zur Vorbereitung auf das Ewige Gelübde. Wie hat es Sie nach Berlin verschlagen?*
SR. BÜHRLE: In Rom erreichte mich ein Brief des Bischofs von Berlin. Er schrieb, er habe von mir gehört und würde jemanden mit juristischem Hintergrund als Ausländerbeauftragte suchen. Es hat mich beeindruckt, einen sehr freundlichen Brief von einem Bischof zu bekommen. Ich sprach mit meiner Provinzoberin und beschloss, die Einladung zu einem Gespräch mit dem Bischof anzunehmen. Die erste Begegnung mit Bischof Sterzinsky fand noch in der Winklerstraße statt. Er kam auf mich zu und begrüßte mich schmunzelnd: »Ehrwürdige Schwester!«

und ich entgegnete »Euer Eminenz!«, und da war das Eis schon gebrochen. Es gab Pflaumenkuchen mit Schlagsahne. Es beeindruckte mich, dass er so aufmerksam war, mir Kaffee eingoss und dazu aufstand. Da dachte ich, dieser Mann hat Stil, und es war deutlich ein Grundrespekt gegenüber dem Menschen zu spüren. Er wollte etwas für Ausländer tun und es schien ihm ernst damit. Dabei fragte er, weshalb ich keine Ordenstracht trage? Ich erklärte ihm die Entscheidung unseres Ordens und merkte an, dass es komisch wirken würde, wenn ich bei dieser von ihm geplanten Aufgabe in Ordenstracht, vielleicht noch Bier trinkend zwischen türkischen Frauen in Kreuzberg sitzen würde. Ich entschied mich für Berlin, auch weil ich spürte, dass der Bischof es ernst meinte mit seinem Vorhaben, sich zugunsten von Migranten zu engagieren. Ich denke generell, Kirche sollte hauptsächlich da sein, wo niemand ist. Mir half es sehr, dass ich nur ihm direkt unterstellt war. Somit war ich flexibel genug, um schnell und institutionell unabhängig agieren zu können. Ich war dann ab September 1993 in Berlin, musste mich allerdings noch einarbeiten.

—— *Erinnern Sie sich noch an die Anfänge Ihrer Arbeit im Bistum?*

Sr. Bührle: Kaum war ich da, kam es für die Katholische Kirche in Deutschland zum ersten Fall von »Kirchenasyl«, und zwar während der Weihnachtsfeiertage. Wir haben es dann wenig später und fortan »Asyl mit der Kirche« genannt. Ich musste ad hoc entscheiden und habe mich in meiner Funktion hinter diejenigen gestellt, die dieses vorläufige »Asyl mit der Kirche« gewährten, ohne diese Entscheidung mit dem Bischof absprechen zu können. Bischof Sterzinsky wurde dann von der Presse befragt und sagte sinngemäß, dass er nun die richtigen Leute in puncto Ausländerpolitik gefunden habe. Das hat mich berührt und gestärkt.

—— *Nach zehn Jahren haben Sie Berlin wieder verlassen. Was kam dann?*

Sr. Bührle: Seit Beginn der 2000er Jahre verlagerte sich die Entscheidungsinstanz in Fragen der Zuwanderung von den einzelnen EU-Staaten nach Brüssel und somit auch mein Arbeitsbereich. So ging ich nach Brüssel und war dort bis 2007 bei der EU für den Flüchtlingsdienst der Jesuiten tätig. Dann folgte die Anfrage, ob ich in Schwerin die Leitung des Katholischen Büros und des Erzbischöflichen Amts Schwerin übernehmen wollte. Es war eine glückliche Fügung, da ich damit meiner verwitweten und kranken Mutter in Hamburg wesentlich näher sein würde. Hinzu kam, dass mich die Aufgabe in ih-

> **»Ich kann nicht mit christlicher Nächstenliebe bei einem Innenminister argumentieren. Da muss man rational nachvollziehbar argumentieren.«**

rer Vielfalt reizte – nicht nur ein Arbeitsfeld, sondern viele gesellschaftlich und kirchlich relevante Themen. Schwierig war der Umstand, dass ich in Schwerin alleine leben müsste, also nicht mehr in einer Gemeinschaft von Mitschwestern. Die Entscheidung ist dann trotzdem für Schwerin ausgefallen.

Mir kommt zugute, dass ich schon einmal als Studentin zehn Jahre allein lebte. Das Alleinleben bin ich also gewohnt. Aber im Ordenskontext ist es ein spürbares Opfer. Allerdings: Man könnte ja auch in Gemeinschaft leben und sich nicht mit den Mitschwestern verstehen …

Mit christlicher Nächstenliebe in die Politik

—— *Sie sind dicht dran am irrationalen Geschäft der Politik. Wie ist Ihre Wahrnehmung von Politik seit 1993, dort wo Sie waren bzw. sind?*

Sr. Bührle: Ich habe mich immer für rational orientierte Politik eingesetzt. So haben Kardinal Sterzinsky und ich als erste in Deutschland auf das Problem der so genannten Illegalität aufmerksam gemacht – Menschen ohne Aufenthaltsrecht, im Verborgenen, ausgebeutet, mit Kindern, die nicht zu Schule gehen dürfen usw. Der Ansatz war von christlicher Nächstenliebe geprägt. Doch ich kann nicht mit christlicher Nächstenliebe bei einem Innenminister argumentieren. Da muss man rational nachvollziehbar argumentieren. Da haben wir gesagt, es ist doch viel sinnvoller, die Menschen dürfen sich zeigen, dürfen zum Arzt gehen, als dass sie ansteckende Krankheiten verbreiten. Ich gehöre nicht zu denen, die unmittelbar mit dem Evangelium politisch argumentieren. Die Herausforderung lautet, auf Grund des Evangeliums, auf Grund der katholischen

Soziallehre und im Sinn der ignatianisch geprägten Unterscheidung der Geister zu politischen Positionierungen zu kommen.

— *Und wie ist das in Mecklenburg-Vorpommern?*

Sr. Bührle: Ich bin ja erst drei Jahre hier und traue mir da noch kein Urteil über die Landespolitik zu. Völlig neu ist für mich die Überschaubarkeit der politischen Szene. Bei 1,6 Millionen Einwohnern gibt es einige wenig hundert Menschen, die wesentliche politische Entscheidungen fällen, und die kennen sich untereinander. Sie sind Mitglieder in Vereinen, Nachbarn, sind oft auch familiär miteinander verbunden. Das macht es sehr überschaubar und mir fällt auf: Man kuschelt lieber, als dass man Konflikte offen austrägt. Grundsätzlich ist in meiner Wahrnehmung die Beziehung zwischen einerseits Katholischer Kirche und andererseits Politik und Gesellschaft gut.

Teure Geschenke und große Spenden

— *Wer sind Ihre Vorbilder? Gibt es in Ihrem Leben prägende Personen?*

Sr. Bührle: Ja. Kardinal Sterzinsky, besonders wegen seines enormen Rückgrats, das er bei unserer Arbeit nach außen und innen gezeigt hat. Oft heißt es, die Bischöfe halten sich raus oder zaudern, doch dass es heute noch Bischöfe mit Rückgrat gibt, wie Kardinal Sterzinsky und Erzbischof Dr. Thissen, hat mir mein eigenes Rückgrat gestärkt. Und noch ein Mann ist für mich wichtig, Wolf Graf von Baudissin. Er war federführend bei der Neugestaltung der Bundeswehr in den 1950er Jahren, die das Bild der Bürgers in Uniform stark machte. Er war NATO-General, und nach seiner militärischen Pensionierung gründete er 1971 an der Universität Hamburg das Institut für Friedensforschung und Sicherheitspolitik. Bei ihm habe ich Sicherheitspolitik studiert und von ihm habe ich Politik gelernt. Bis zu seinem Tod waren wir in Freundschaft verbunden. Baudissin brachte mir Politik als etwas Rationales bei. Er setzte damals der Irrationalität des Wettrüstens im Kalten Krieg eine rationale Sicht entgegen, das Konzept der »Kooperativen Rüstungssteuerung«. Ich denke, Menschen prägen sich immer gegenseitig, vielleicht habe ich noch gar nicht alle Prägungen entdeckt.

— *Und früher? In Ihrer Kindheit und Jugend?*

Sr. Bührle: In meinen Kindertagen hatte ich keine gute Beziehung zum gemeindlichen Leben. Der Stadtpfarrer schimpfte nur von der Kanzel herab, wohl die Zeit der Sühnepredigten. Und wenn er nach der Messe Weihwasser versprengte, duckte ich mich immer weg, weil der Wedel mich an unsere Toilettenbürste zu Hause erinnerte. Später, in einer Hamburger Pfarrei, wo ich recht engagiert war, setzte der Kaplan unsere Jugendgruppe vor die Tür, da wir abends zu lange blieben. Sicher auch bedingt durch die vielen Umzüge in meinem Leben, habe ich eigentlich erst in unserem Orden eine kirchliche Heimat gefunden.

— *Worin liegen Ihre spirituellen Quellen jetzt, wo Sie auf die Ordensgemeinschaft verzichten müssen?*

Sr. Bührle: Die einzige für mich vorstellbare spirituelle Quelle ist meine persönliche Christusbeziehung. Wie jede andere Beziehung muss diese auch genährt werden. Neben der Eucharistiefeier geschieht dies durch die Betrachtung Jesu in den Texten der Evangelien. Diese Betrachtungen müssen allerdings auch umgesetzt werden. Darum bete ich viel. Eigentlich dreht es sich in meinem Arbeitsalltag stets um »Rückgrat«. Wichtig ist mir vor allem die persönliche geistliche Rückbindung an Christus – in Reflexion und Gebet. Dabei geht es natürlich gemäß unserer Ordensspiritualität auch um das »Herz Jesu« (Sacré-Cœur). Für uns Ordensschwestern des Sacré-Cœur ist das Herz Jesu nichts Süßliches; vielmehr steht »das Herz« theologisch, philosophisch und anthropologisch für Verstand und Vernunft neben dem Gefühl und als Chiffre für die gesamte Person.

— *»Rückbindung an Christus« – Fühlen Sie sich berufen?*

Sr. Bührle: Ich stelle es eigentlich immer erst im Nachhinein fest. Am Beispiel der Ordensberufung: Man kann im ersten Überschwang sagen: »Der Herr hat mich berufen, jetzt trete ich in den Orden ein!« Aber erst wenn man längere Zeit dabeigeblieben ist, zeigt und bewährt sich eine Berufung. Da gilt nichts anderes als bei Ehen. Es geht um Bindungswilligkeit und Bindungsfähigkeit. Ich wurde oft gefragt: Warum sind Sie eingetreten? Das ist für mich keine sehr weit führende Frage, besser wäre: Warum sind Sie geblieben? Ich hatte auch meine Krisen im Ordensleben, doch dafür bin ich auch sehr dankbar, weil dies stets

> **»Man kuschelt lieber, als dass man Konflikte offen austrägt.«**

eine Gelegenheit war, sich immer wieder neu zu entscheiden. Da ist Ordensleben nicht anders als andere Partnerschaften. Man muss das Leben realistisch sehen, so kommt man auch der Wahrheit näher.

—— *Welches der Ordensgelübde fällt Ihnen am schwersten?*

Sr. Bührle: Oft spricht man mich auf die drei Ordensgelübde an: Armut, Keuschheit und Gehorsam. Man fragt mich immer nur, wie schwer es mit der Keuschheit sei. Aber das für mich schwierigste Gelübde ist das der Armut, in unserem Orden eher ein Solidaritätsgelübde. Ich bekomme alles, was ich brauche. Doch was mir furchtbar schwerfällt im Verhältnis zu meiner Zeit vor dem Orden: Ich würde so gerne viele, schöne, auch mal teure Geschenke und große Spenden machen … (KM)

Sr. Cornelia Bührle RSCJ, geb. 1953 in Albstadt-Ebingen, 1984 Eintritt in die Ordensgesellschaft vom Heiligen Herzen Jesu (Sacré Cœur), internationale Menschenrechtsarbeit, Ausländerbeauftragte in Berlin, Flüchtlingsarbeit in Brüssel, seit 2007 Leitung des Katholischen Büros und des Erzbischöflichen Amts Schwerin.

Pfarrer von zwei Gemeinden

Pater **Petar Čirko** OFM

Während des Sommermärchens der Fußballweltmeisterschaft 2006 findet vor dem Top-Spiel Brasilien – Kroatien ein Gottesdienst in der St. Hedwigs-Kathedrale statt. Die Kathedrale ist gefüllt bis zum letzten Platz – vor allem mit kroatischen Fans. Sie tragen die Trikots ihrer Nationalspieler, Schals und Fahnen. Mitten in der rot-weiß-blauen Farbenpracht steht Pater Petar Čirko in seiner Franziskanerkutte. Er hat die Fußballfans eingeladen, um für ein gutes und faires Spiel zu beten.

Petar Čirko wird im Jahr 1964 in der Nähe von Split im heutigen Kroatien geboren. Er wächst in der Sozialistischen Republik Jugoslawien auf. Vater und Großvater leben seit dem Ende des 2. Weltkriegs als politische Migranten in Deutschland und betreiben in Bamberg ein Hotel. Der Vater darf sein Heimatland unter der kommunistischen Führung nicht betreten. Seine Mutter pendelt zwischen Jugoslawien und Franken. Das Ehepaar Čirko bekommt insgesamt sieben Kinder, die alle in Jugoslawien zur Welt kommen und von den Großeltern mütterlicherseits betreut werden, wenn Mutter Čirko ihren Mann in Bamberg besucht. Der Nationalitätenkonflikt und die Wirtschaftskrise sind in Jugoslawien schon in der Endphase Titos deutlich erkennbar. Vater Čirko möchte seine katholische Familie vor Repressalien der Kommunisten schützen und holt 1978 Frau und Kinder nach Deutschland.

Zurück zu den geliebten Franziskanern

Der 14-jährige Petar rebelliert gegen den neuen Aufenthaltsort der Familie. Er hat andere Pläne. Er will zurück nach Kroatien zu seinen geliebten Franziskanern. Sein Vater versteckt den Ausweis des Sohnes, um eine heimliche Rückkehr zu verhindern. Nach wenigen Monaten hat es der Junge geschafft, er kann Deutschland wieder verlassen. Im Franziskaner-Internat in Zador absolviert Petar die Mittelstufe und im Franziskanerkloster Sinj, einem bekannten Marienwallfahrtsort, geht er aufs Gymnasium. Nach dem Abitur tritt er 1983 in den Franziskanerorden ein, absolviert das Noviziat und beginnt sein Philosophie- und Theologiestudium. »Geprägt bin ich von meinem Heimatpfarrer. Er hat das Evangelium gelebt wie Franz von Assisi. Das hat mich begeistert.«

Die katholischen Kroaten können im kommunistischen Jugoslawien ihre Religion ausüben. Allerdings sind die jungen Leute massiven Einschüchterungen ausgesetzt und einer sozialistischen Propaganda. Wie sehr die Sorge von Vater Čirko berechtigt war, zeigt sich, als sein Sohn Petar 1985 zum Militärdienst in die Jugoslawische Nationalarmee eingezogen wird. Als Ordensmann unterzieht man ihn einer systematischen Gehirnwäsche. Nachts wird er aus dem Schlaf geholt, um ihn stundenlang zu verhören. In den end-

Pater **Petar Čirko**

losen, zermürbenden Gesprächen wird ihm der Tod der ganzen Familie angedroht. Die Verwurzelung in der kroatisch-katholischen Tradition und seine Identität als Franziskaner helfen ihm, diese Tortur zu bestehen. Wer die Schilderung von Pater Petar hört, versteht besser, warum die kroatischen Katholiken auch in der westlichen Gesellschaft an ihrer Kultur und Religion festhalten. Sie geben ihnen Halt und innere Freiheit.

Im Jahr 1986 kann Petar den Militärdienst verlassen, nimmt sein Studium wieder auf und wird 1990 zum Diakon geweiht. Im Kloster Karin ist er für Musik und Liturgie zuständig. Ein schönes Diakonat könnte bevorstehen, aber mit den Bemühungen um die Souveränität Kroatiens beginnt der Bürgerkrieg. Während der Angriff der Serben droht, harren sie noch zu dritt im Kloster aus. Unter abenteuerlichen Bedingungen muss Petar einen alten Mitbruder in einen sicheren Landesteil bringen. Der Provinzial schickt ihn den gefährlichen Weg sofort wieder zurück – heute eine unverständliche Entscheidung. Kaum in Karin angekommen, bringen französische Blauhelme ihn und den letzten verbliebenen Mitbruder aus dem Gefahrenkreis. Unmittelbar darauf erfolgt der Überfall der Serben. Das wunderschöne Kloster Karin wird dem Erdboden gleichgemacht.

Von den entsetzlichen Erlebnissen geschockt, bereitet sich Petar auf seine Priesterweihe vor, die er am 29.06.1991 in der Konkathedrale von Split empfängt. In seiner ersten Stelle wirkt er in Dalmatien als Kaplan, bevor er nach Deutschland geschickt wird. Nach einem sechsmonatigen Sprachenkurs verbringt er wunderbare Jahre als Kaplan in Iserlohn und in Bergisch-Gladbach, danach wird er Pfarrer der Kroatischen Mission in Ludwigsburg. An allen drei Stellen blüht die Kinder- und Jugendarbeit auf. Durch seine musikalische Begabung, mit Gemeinde- und Jugendfahrten gelingt es ihm, viele Gläubige zu aktivieren. In den Gottesdiensten spüren die Menschen, dass sie gemeint sind.

In Berlin brennt es!

Im Jahr 2004 kommt ein Anruf seines Provinzials: »In Berlin ›brennt‹ es; in der kroatischen Mission gibt es große Probleme.« Er soll die Leitung übernehmen.

Was ist geschehen? Das Erzbistum Berlin ist in eine finanzielle Schieflage geraten. Der Sanierungsprozess sieht einen erheblichen Abbau des Personals vor, kirchliche Liegenschaften müssen aufgegeben werden. Die Kroatische Gemeinde Berlin ist davon stark betroffen. Ihr angestammtes Zentrum mit der St. Clemens-Kirche in Kreuzberg muss aufgegeben werden. In der Mission rumort es. Die meisten Gemeindemitglieder können sich nicht vorstellen, einen Ort aufzugeben, an dem 33 Jahre ihr geistliches Leben in Berlin stattgefunden hat. Pater Petar kommt mit dem Auftrag nach Berlin, den notwendigen Umzug der Gemeinde zu organisieren. Von ehemals vier Priesterstellen bleiben nur noch 2,5 Stellen. Die technischen Dienste der Mission müssen gekündigt werden, auch die bosnischen Schwestern verlassen Berlin. Pater Petar sitzt zwischen allen Stühlen. Es ist eine Situation, in der man scheitern kann. Er erkennt die Realitäten an und verabschiedet sich von dem unrealistischen Versuch einiger Landsleute, Kirche und Gemeindezentrum in der Stresemannstraße zu kaufen und in Eigenregie zu betreiben. Stattdessen lenkt er die Konzentration auf die Seelsorge und das geistliche Leben.

1995 findet der Umzug in die St. Sebastian-Kirche nach Berlin-Wedding statt. Die Kroaten erhalten damit eine der größten Kirchen in Berlin. Sie sind jetzt aber nur noch Gast in einer Ortsgemeinde. Kardinal Sterzinsky verbindet mit dem Umzug ein Experiment. Er beauftragt Pater Petar zusätzlich mit der Leitung der St. Sebastian-Gemeinde. In der Pastoraltheologie wird seit Jahren die Frage diskutiert, wie die Integration der muttersprachlichen Gemeinden besser gelingen kann und wie kirchliche »Sprachghettos« vermieden werden können. Die Leitung einer Ausländergemeinde und einer Ortsgemeinde durch einen Priester wird als ein sehr erfolgversprechendes Modell angesehen. Durch den leitenden Pfarrer können die Verbindungen zwischen beiden Gemeinden besser hergestellt werden.

Zum Glück bin ich nicht allein

Pater Petar geht positiv an die neue Doppelaufgabe heran und macht sich auf den Weg, seine neue, zweite Gemeinde und die Menschen im Pfarrgebiet kennenzulernen. St. Sebastian ist nur noch eine kleine Pfarrei mit einem geringen Gemeindeleben. Die große Kirche zeugt davon, dass hier einmal viele Katholiken gelebt haben müssen. Die Bevölkerungsstruktur im Stadtteil Wedding hat sich aber in Jahrzehnten geändert. Die Deutschen ziehen weg, sobald sie Kinder bekommen. Pater Petar fällt als erstes auf,

Pater **Petar Čirko**

dass der Gemeindegesang sehr schlecht ist. »Können die Deutschen nicht singen?« fragt er sich. Das Rätsel löst sich durch einen Blick in die Nationalitätenstatistik der Pfarrei. Über 33 Prozent der Gemeindeglieder haben eine ausländische Staatsangehörigkeit,

gestaltete Gemeindeleben, die Kinder- und Jugendarbeit, der Religionsunterricht und die Sakramentenvorbereitung konnten fortgeführt werden. Auch wenn die Gottesdienste in kroatischer Sprache in vier Berliner Kirchen gefeiert werden, ist St. Sebastian der Mittelpunkt der Gemeinde geworden. In der kroatischen Gemeinde kann Pater Petar viele Aufgaben an seine beiden Mitbrüder delegieren und doch bemüht er sich, in den Außenstellen Präsenz zu zeigen. Es ist für ihn nicht leicht, die unterschiedlichen Strömungen in der Gemeinde zusammenzuhalten. Mit Sorge sieht er, dass extreme religiöse Gruppen eigene Wege gehen wollen. Das ist aber weniger eine Folge des Umzugs, sondern eine Erscheinung, die es auch in Kroatien und Bosnien gibt.

Seit mittlerweile fünf Jahren ist Pater Petar faktisch Pfarrer zweier Gemeinden: »Ich habe es nicht bereut«, antwortet er ohne nachzudenken. »Zum Glück bin ich nicht allein.« Neben seinen Mitbrüdern gibt es einen Gemeindereferenten und seit einem Jahr auch einen Diakon in der Pfarrei. Sie können viele Aufgaben übernehmen. »Ich muss aber aufpassen, dass mein geistliches Leben in der Ordensgemeinschaft mit dem gemeinsamen Stundengebet und dem täglichen Rosenkranz nicht zu kurz kommt. Die vielen Termine und die Bürokratie sind schon ein Problem!«

In der Begegnung entsteht das Bild eines Menschen, der in widrigen Verhältnissen gelernt hat, seinen Weg zu gehen. Als Jugendlicher im kommunistischen System, wie als erfahrener Seelsorger in einer sich verändernden Kirche und Gesellschaft. Seine Unmittelbarkeit und seine Nähe zu den Menschen machen ihn authentisch. So ist es, wenn er Gottesdienst feiert,

»Können die Deutschen nicht singen?«

Deutsche mit Migrationshintergrund sind dabei nicht mitgezählt. Natürlich können viele die deutschen Lieder nicht singen. Pater Petar bekommt neben der kroatischen Gemeinde keine deutsche, sondern eine internationale Gemeinde dazu. Die Ausländerstatistik zählt insgesamt 67 Nationalitäten auf. Zum Glück findet er aktive Gremien vor und viele Ehrenamtliche, mit denen er eine lebendige Gemeinde aufbauen kann. Stolz erzählt er, dass es heute wieder 20 Ministranten gibt.

Es ist ebenfalls gelungen, das geistliche Zentrum der Kroaten in St. Sebastian zu etablieren. Das reich

mit der Gemeinde nach Lourdes fährt oder sich jeden Freitag mit mehr als 200 Jugendlichen trifft. Und so ist es, wenn die Weddinger Gemeinden zusammen mit den Kroaten eine große Fronleichnamsprozession durchführen. Pater Petar lässt sich in die Pflicht nehmen, manchmal bis zur Überforderung. Die Begeisterung für die kroatische Fußball-Nationalmannschaft hat er zum Glück nicht verloren. (Frä)

Pater Petar Čirko, geb. 1964 in Kroatien, Priesterweihe 1991, seit 2004 Leiter der kroatischen Mission und Pfarrer von St. Sebastian.

Wir sind dazu da, Barmherzigkeit zu üben gegenüber jedermann

Monsignore **Horst Rothkegel**

Er ist noch heute zu besichtigen, der Kohlenkeller der Herz-Jesu-Kirche in der Fehrbelliner Straße. Die Pfarrgemeinde hat dort eine kleine Ausstellung untergebracht, die an das »Hilfswerk beim Bischöflichen Ordinariat Berlin« erinnert. Das hatte seinen Sitz in den benachbarten Räumen. Im Kohlenkeller gelang es, zwei Juden vor der Verfolgung durch die Nazis zu verstecken. Msgr. Horst Rothkegel wird nie vergessen, wie er dort seinen Dienst als Kaplan antrat: Sein Vorgänger zeigte ihm Kasse, Bücher, Kartei und eine weitere »Erbschaft«, wie er sich ausdrückte, den im Kohlenkeller versteckten Juden Erich Wolff: »Ich hab ihn am 1. Oktober 1944 übernommen, Diskussion oder Bedenkzeit gab es dafür nicht. Ich bin runtergegangen, hab mich vorgestellt, Guten Tag gesagt, und von da an lief dann die Betreuung, so gut es eben ging.«

Was dachte Horst Rothkegel, als er mit Wolff, einem Verfolgten des Naziregimes, konfrontiert wurde? Fühlte er sich dieser immensen Verantwortung gewachsen? Wollte er diese Aufgabe überhaupt annehmen? Rothkegel beantwortet diese Fragen mit einem Zitat aus der Bibel: »›Was ihr für einen meiner geringsten Brüder getan habt, das habt ihr mir getan‹ (Mt 25,40). Und wenn ich es nicht gemacht hätte, hätte doch jemand anders Wolff verstecken müssen.« Oder die Nazis hätten ihn verhaftet und deportiert. Rothkegel dachte sich: »Mit Gottes Hilfe – ich mache es!« Dabei war ihm klar, dass er ein enormes Risiko einging. Eine Entdeckung Wolffs durch die Nazis hätte auch für ihn, für das Hilfswerk und die Kirche insgesamt schwerwiegende Folgen gehabt. Andererseits, so Rothkegel, war man durch den Krieg und den nationalsozialistischen Terror schon daran gewöhnt, Angst haben zu müssen. »Und so lebten wir nach dem Motto: ›Wenn wir dran sind, sind wir dran. Und was dann kommt, können wir ohnehin nur in Gottes Hand legen.‹«

Selbstverständliche Hilfe

Erich Wolff war zwar katholisch getauft, aber nach der nationalsozialistischen Rasse-Ideologie blieb er Jude. Er war untergetaucht und lebte schon längere

Zeit im Kohlenkeller unter der Kirche. Kaplan Rothkegel kümmerte sich um ihn, ohne weitere Fragen zu stellen: »Ich musste ihm Lebensmittelkarten in die Hand drücken, gab ja nur auf Lebensmittelbons was zu kaufen, mal eine Mark oder zwei, fragen: Herr Wolff, wie sieht es aus mit der Wäsche? Hemden wechseln, Strümpfe wechseln, konnte ja nichts waschen hier, mal ein Stück Seife, mal ein Handtuch. Und mal raufgenommen ab und zu in meine Wohnung nach den eiskalten Nächten hier: Gehen Sie in mein Bett, wärmen Sie sich, Tasse Kaffee, was zu essen, und dann ging er wieder seiner Wege.« Tagsüber ging Wolff durch die Stadt, natürlich ohne Judenstern und Ausweis. Bei einer Kontrolle wäre das Versteckspiel beinahe aufgeflogen. Doch Wolff hatte ein Holzbein, und ausgerechnet diese Behinderung rettete ihm das Leben: »Dann hat der Mann eine Geistesgegenwart und Ruhe bewahrt: Er hat sein Hosenbein hochgekrempelt und sein Holzbein gezeigt und gesagt: Hier Kamerad, das ist mein Ausweis. Da salutierten die und verschwanden, erledigt. Wenn das rausgekommen wäre, die hätten den ausgequetscht, wo bist du, wo bleibst du, da wäre ich dran gewesen.« Der Kohlenkeller, das Versteck von Erich Wolff, lag direkt neben dem öffentlichen Luftschutzkeller unter der Kirche. Kirchen durften auf staatliche Anordnung im Krieg nicht mehr geheizt werden, und so boten die restlichen Kohlen ein gutes Versteck. Doch blieb die Angst vor Entdeckung, vor allem wenn in den Bombennächten der benachbarte Luftschutzkeller überfüllt war. 19.000 Juden hatten vor dem zweiten Weltkrieg allein im Bezirk Prenzlauer Berg gelebt. Die allermeisten wurden in den Konzentrationslagern ermordet. Doch gelang es, einzelne Juden zu verstecken. Wie viele auf diese Weise in Prenzlauer Berg den Krieg überlebt haben, wird nie bekannt werden. Zu Kriegsende musste auch Kaplan Rothkegel zwölf Tage im Luftschutzkeller bleiben. »Die Russen schossen bei ihrem Vormarsch in Berlin aus allen Rohren, 24 Stunden am Tag!«, bis in der Nacht zum 2. Mai 1945 plötzlich Ruhe war: »Dann ging ich nach vorne zur Straße, weil ich wissen wollte, was los ist, warum schießt denn kein Mensch mehr? Und da sah ich vom Alexanderplatz her die Russen hochmarschieren in Reih und Glied, und da flogen aus den Fenstern Handtücher und Laken raus, wir ergeben uns, Krieg war zu Ende. Dann bin ich runtergesaust in den Keller, das war eine meiner seligsten Stunden, weil ich ja auch erleichtert war, dass die Sache vorbei war.« Erst viel später erfuhr Monsignore Rothkegel, dass das »Hilfswerk beim Bischöflichen Ordinariat«, wie es sich nannte, auf verschiedenste Weise zum katholischen Glauben konvertierten Juden geholfen hatte. Die Leiterin Margarete Sommer sei eine »kluge, entschiedene Frau« gewesen, sagt Rothkegel, »sie ruhte in sich«.

Erst Jahrzehnte später hat Msgr. Rothkegel darüber gesprochen, dass er auch Halbjude war, jedenfalls nach den Rassebestimmungen der Nazis. »Selbst meine Nichten und Neffen fragen: Warum sagst Du denn nichts? Ihr glaubt gar nicht, wie tief der Ein-

»Ich habe mit Jesus gemeinsam, dass wir beide eine jüdische Mutter haben.«

druck ist, den wir von der Nazizeit mitbekommen haben, zehn Jahre, von den Nürnberger Rassegesetzen bis Kriegsende! Ständig dieser Hass, diese Propaganda, das hat mich geprägt.«

Auch seine Mutter schützte es wenig, dass sie sich hatte taufen lassen und zum katholischen Glauben übergetreten war. »1937 kam der Pedell in die Klasse und fragte: Wer ist jüdischer Abstammung? Da dachte ich, wenn Du Theologe werden willst, kannst Du nicht mit einer Lüge anfangen, dann stand ich also auf. Ich war der einzige in der Klasse! Das war schwer.«

Das Thema beschäftigt Msgr. Rothkegel noch heute: »Es bleibt eine offene Wunde. Womit ich mich immer getröstet habe: Ich habe mit Jesus gemeinsam, dass wir beide eine jüdische Mutter haben.«

Kaum konnte Erich Wolff den Kohlenkeller verlassen, nur einen Tag später, am 3. Mai 1945, rettete Kaplan Rothkegel vermutlich einem weiteren Menschen das Leben: Ein sog. »Kettenhund«, Mitglied der Feldgendarmerie, stand vor seiner Tür und flehte ihn an: »Helfen Sie mir, bitte. Ich muss Zivilkleidung haben, damit ich nicht gefangen genommen werde.« Horst Rothkegel dachte nicht lange nach und gab ihm seinen Anzug. »Er hat seine Klamotten bei mir gelassen und verschwand. Wie ich die verräterische Naziuniform wieder losgeworden bin, weiß ich gar nicht mehr.« Ob er damit nicht einem Schuldigen

Monsignore Horst Rothkegel

zur Flucht verholfen hat? »Überlassen wir lieber dem lieben Gott die Schuldsprüche, wir sind dazu da, Barmherzigkeit zu üben gegenüber jedermann!«

Dienstältester Priester des Bistums

Er war erst 23 Jahre alt, als ihm Bischof Konrad von Preysing vor mehr als 65 Jahren mitten im Krieg die Hände auflegte. Heute ist Monsignore Rothkegel der dienstälteste Priester im Erzbistum Berlin, dreimal die Woche steht er mit dem Rollator am Altar im Bischof-Ketteler-Haus in Weißensee, »sonntags immer mit Ansprache, solange es geht, so lange der liebe Gott mich lässt«.

Er blickt auf eine lange Zeit, auf ein ereignisreiches Leben zurück mit vielen Veränderungen, eine abschließende Bewertung lehnt er für sich ab: »Wir können die Zeit nicht werten, wenn wir mittendrin sind. Das müssen die anderen machen, wenn sie 50 Jahre älter sind.« Auch mit Ratschlägen an die jüngeren Mitbrüder hält er sich zurück: »Ich kann denen gar nichts raten! Ich kann hier im Haus noch ›meine Brötchen‹ anbieten, wo alle Bewohner auch 80 oder 90 sind. Aber die Jüngeren nehmen es vielleicht gar nicht mehr an.«

Sein persönlicher Höhepunkt war die Zeit als Subregens im Priesterseminar in Erfurt von 1952 bis 1957.

»Das gibt es nicht, Religion zum halben Preis!«

Auf Bitten von Regens Kleineidam kam er dorthin, obwohl er überhaupt nicht wollte und sich nicht für ausreichend qualifiziert hielt, um den Theologen etwas zu bieten. Die Zeit damals war eine echte Pionierarbeit. »Ich kam hin, es war nullkommanichts vorhanden, wir mussten also alles machen. Wir fingen an mit einer Schreibmaschine und einem Neuen Testament.« Er als Kaplan fing damals an mit großen Bedenken, doch heute sagt er: »Das war eine ganz dolle Sache: Ich kam mit den Theologen gut aus, bis heute noch!«

Entscheidend für ihn, sich für den Weg zum Priester zu entscheiden, waren zwei Dinge: »Zum einen fühlte ich mich immer getragen, von der Familie aber auch von einer Diaspora-Kirche, die wusste, dass wir hier aufeinander angewiesen sind. Zum anderen hatten wir gute Vorbilder, so gute, dass ich beinahe nicht Priester geworden wäre, weil ein Jugendkaplan ein so toller Kerl war, dass ich zwischendurch dachte: Der ist so gut, das schaffst Du nie!«

Die gegenwärtige Entwicklung der Kirche beobachtet Rothkegel sehr genau aber letztlich gelassen: »Ich jammere gar nicht, wenn die Leute jetzt aus der Kirche austreten. Man muss es einfach zur Kenntnis nehmen: Die Gläubigkeit kann auch abnehmen. Es ist nicht so, dass, wer gläubig ist, auch gläubig bleibt.« Daher warnt er auch vor überstürzten Aktionen: »Das Schlimmste ist für die Kirche, wenn wir die Mitgliedschaft billig machen, zum halben Preis. Das gibt es nicht, Religion zum halben Preis!« (fös)

Msgr. Horst Rothkegel, geb. 1921 in Berlin, Priesterweihe 1944, u.a. Subregens am Priesterseminar in Erfurt, Domvikar und Caritas-Direktor, Pfarrer in Teltow und St. Josef (Weißensee), in seinem Ruhestand nach wie vor Hausgeistlicher im Bischof-Ketteler-Haus.

Keine normale Landpfarrei

Pfarrer **Arnd Franke**

—— *Ein gemütliches Wohnzimmer haben Sie hier!*

ARND FRANKE: Das ist nicht nur mein privates Wohnzimmer. Das ist auch Jugendraum, Essensraum und Gemeinschaftsraum in einem. Für mich habe ich zwei kleine Zimmer und ein Bad. Auch die Küche wird gemeinsam genutzt, und so kommt es häufig vor, dass wir gemeinschaftlich essen. Der Zivi, Jugendliche, die Sozialstunden leisten, und andere Gäste. Ich habe das in Amerika so kennengelernt: Jeder Priester hat keine Wohnung, sondern nur ein oder zwei Zimmer im Pfarrhaus, Küche sowie Wohnzimmer stehen allen offen. Allein durch die Wohnsituation gibt es automatisch mehr gemeinsames Leben. Insofern ist es hier ein offenes Pfarrhaus.

—— *Nach Ihrer Priesterweihe im Jahr 2000 haben Sie in den USA ein Lizenziatsstudium in Fundamentalmoraltheologie gemacht, an der Jesuit School of Theology in Cambridge, Massachusetts. Studiert haben Sie u.a. auch in Rom am Collegium Germanicum, waren Diözesanjugendseelsorger und sind seit 2006 wieder an die Küste zurückgekehrt, wo Sie – im benachbarten Stralsund – geboren wurden.*

ARND FRANKE: Nach 14 Jahren Odyssee, also in aller Welt, wieder in die Heimat zu kommen und zu sehen, wie viel sich verändert hat und wie viel sich auch nicht verändert hat, war sehr interessant.

—— *Und jetzt sind Sie der Pfarrer für die ganze Insel Rügen ...*

ARND FRANKE: In Bergen wohne ich, aber Binz und die Erweiterung der Kirche ist das Thema, das mich seit meiner Ankunft hier am meisten beschäftigt. Damals konnte der Kirchenbau fast schon begonnen werden. Doch es gab viele ungelöste Probleme, außerdem fehlte noch Geld. Neben Spenden der Gemeinde und der vielen Urlauber und der Unterstützung durch das Bonifatiuswerk und unser Erzbistum gaben letztlich EU-Fördermittel den Ausschlag. Normalerweise gibt es mittlerweile zu große Kirchen, doch dass eine Kirche zu klein sein könnte, das war den Förderern auch neu. Am 24. Mai 2009 konnten wir endlich beginnen mit dem ersten Spatenstich des Kardinals. Während der Bauzeit feiern wir Gottesdienst im »Haus des Gastes«, in der Saison ist der Zweihundert-Leute-Saal voll. Wenn am 8. Januar 2011 Kardinal Sterzinsky, der immer hinter dem Projekt stand, den Altar geweiht hat, ist die Gemeinde nach 15 Jahren und dem dritten Entwurf am Ziel.

—— *Laut Schematismus sind Sie auch der »Beauftragte für Tourismusseelsorge im Dekanat«, das liegt bei Rügen ziemlich nahe, und das ganz allein auf Deutschlands größter Insel ...*

ARND FRANKE: Rügen ist keine normale Landpfarrei, es gibt 1.400 Gemeindemitglieder, 300 weitere, die die Hälfte des Jahres hier leben, und die vielen Urlauber. Neue wie wiederholt kommende Gäste und immer mehr wollen hierher. Im Winter haben wir sieben und im Sommer acht Gottesdienstorte. Vorabendgottesdienste in Sassnitz und Garz, und am Sonntag Bergen, Binz, Sellin, Altenkirchen im Juli

und August, in Gingst am Donnerstag. Hinzu kommen dann noch die ökumenischen Ufergottesdienste, vierwöchentlich im Sommer. Der evangelische Pastor Ludwig Gotthard Kosegarten wollte auch die Fischer am Gottesdienst teilhaben lassen, und so stellte er sich an die Steilküste und bepredigte sie von dort aus. Heutzutage sind es nicht die Fischer auf dem Wasser, sondern die Touristen an Land.

Kreative Spannung

— *Und wie schaffen Sie das? Sie sind doch der einzige Pfarrer auf der Insel!*

Arnd Franke: Ich bin froh über die Zusammenarbeit mit Diakon Seyer, der in Binz mit seiner Frau lebt und mit einer halben Stelle in der Gemeinde mitarbeitet. Aber ich hätte schon gerne noch einen Ruheständler an der Seite. Ein großes Glück ist der Zivi, den leistet sich die Gemeinde, der macht Fahrdienste und Hausmeistertätigkeiten.

— *Obwohl Sie viel zu tun haben, viel unterwegs sind und ein offenes Pfarrhaus führen, könnte ich mir vorstellen, dass Sie auch häufig alleine sind. Wie ist das für Sie?*

Arnd Franke: Es geht um eine kreative Spannung, die ich versuche auszuhalten: Einerseits fehlt mir das Mitbrüderliche schon, andererseits finde ich Rügen einen sehr schönen Ort, um allein zu sein. Ich versuche das Stundengebet regelmäßig in der Kirche zu beten, aber auch täglich um den Nonnensee zu gehen. In dieser knappen Stunde tanke ich Tageslicht und frische Luft, ich habe Bewegung und Zeit für neue Ideen, aber auch um zur Ruhe zu kommen. Auf dem Weg entsteht ganz viel. Mich erfüllt die Arbeit und das Alleinsein, aber ich empfinde es als einen Verzicht.

— *Ich stelle mir vor, dass Sie sehr viel unterwegs sind? Bei Wind und Wetter?*

Arnd Franke: Ja, ich habe fast jeden Tag eine Messe und bin überall. Der Winter 2010 hatte es ja auch in sich. Zum Glück habe ich einen Minijeep mit Allradantrieb. Den kann ich auch für den Sommer gut gebrauchen, denn es gibt auf Rügen nicht nur Bundesstraßen. Was wir leider nicht realisieren konnten, war die Idee eines spirituellen Zentrums in einer romanischen Feldstein-Kirche in Bobbin mit wunderbarem Blick auf Kap Arkona. Als Partner waren die Benediktiner aus Münster Schwarzach angedacht. Wir waren auch in Verhandlungen, aber leider wurde daraus nichts.

Kleine Schritte

— *Das wäre ja großartig gewesen!*

Arnd Franke: Und auch an einem idealen Ort: Die Kirche liegt auf dem Weg nach Kap Arkona, wohin es jährlich fast eine Million Menschen zieht. Wenn nur jeder Zehnte davon dort anhalten würde, hätten die Mönche mehr als genug zu tun. Das wäre eine schöne Sache geworden. Gerade an diesem hochtouristischen Ort, die Urlauber wären dafür empfänglich. Urlaub wird mehr und mehr zur Sinnsuche. Ich könnte mir sogar ein Exerzitienhaus auf

»Mich erfüllt die Arbeit und das Alleinsein, aber ich empfinde es als einen Verzicht.«

der Insel vorstellen. Aber bis alle meine Träume wahr werden, versuche ich kleine Schritte zu gehen: Ich habe mir angewöhnt, nach der Liturgie die Leute mit Handschlag zu verabschieden, so erreiche ich viele, die sonst zu schnell verschwunden sind, ob Urlaubsgäste oder Einheimische. Es sind immer auch längere Gespräche dabei. Ich habe kein Konzept für Tourismuspastoral, mein Konzept ist es, bei den Menschen zu sein. Langfristig habe ich die Idee, jeder Kirche ein eigenes Profil zu geben: z.B. in Bergen ist die Pfarrkirche, Binz ist die Urlauberkirche, Sellin die Hochzeitskirche - vielleicht für jeden Lebensabschnitt eine Kirche. Was mich freut ist, dass ich jetzt auch wieder Jugendliche habe, anfangs blieben die erstmal weg, aber jetzt ist das eben dran, jetzt kann ich mich dem widmen.

— *Bleiben die denn dabei?*

Jugendarbeit: Positive Erfahrungen mit Kirche ermöglichen

Arnd Franke: Ich kenne die Klage: Viele sind enttäuscht, wenn die Firmlinge nach der Firmung wegbleiben. Aus Amerika habe ich gelernt, es eher wie bei dem biblischen Gleichnis vom verlorenen Sohn zu sehen. Es muss doch unser Ziel sein, reife Christen zu erziehen. So lösen sich auch viele von der Kirche. Aber sie kommen auch zurück, doch manchmal merken wir es gar nicht oder es gibt keine passenden Andockplätze. Die Herausforderung in Zukunft wird sein, die Erwachsenenpastoral mehr in den Blick zu bekommen und die Lebensfragen zu behandeln. In der Kinder- und Jugendarbeit soll doch vor allem eine positive Erfahrung mit Kirche ermöglicht werden.

tet mich immer noch. Auch Father Brian Manning, bei dem ich in Boston lebte, begleitet meinen Weg und war mittlerweile schon dreimal auf der Insel zu Besuch.

»Wo der Geist des Herrn wirkt, da ist Freiheit!«

Was erinnern wir denn an unsere Jugendzeit? Meist, dass es eine tolle Zeit war. Und wenn sie zurückkehren aufgrund dieses Gefühls, müssen die Türen offen sein. Und sie kommen zurück, da bin ich ganz sicher!

—— *Wie ist der Wunsch bei Ihnen aufgekommen, Priester zu werden?*

Arnd Franke: Entscheidend waren für mich Menschen, die mich beeindruckt und geprägt haben. Mein Vorgänger auf der Insel Rügen war auch Kaplan in Stralsund, Harry Karcz, der ab 1990 da war und mich sehr geprägt hat. In jenen Jahren starb mein Vater, ich wurde schwer krank und merkte erstmals bewusst: Nicht alles ist planbar. Pfarrer Karcz beglei-

In Alt-Buchhorst fiel mir als Jugendlicher ein Faltblatt in die Hände: »Nachfolgen in Freiheit – Priestertum dein Weg?« Irgendwann erzählte ich davon dem Pfarrer und dem Kaplan. Kirche habe ich mir angeeignet durch das Gemeindeleben, als Ministrant und bei den Religiösen Kinderwochen (RKW). Und für einen Christen in der DDR besonders wichtig: Die Freiheit, wie auf diesem Faltblatt. Das wurde dann auch mein Primizspruch: »Wo der Geist des Herrn wirkt, da ist Freiheit!« (KM)

Pfarrer Arnd Franke, geb 1973 in Stralsund, Priesterweihe 2000, zuletzt Diözesanjugendseelsorger, seit 2006 Pfarrer auf der Insel Rügen.

Was alles machbar ist

Jutta Blümel · *Pastoralreferentin*

Zwei Stellen aus der Bibel beschäftigen Pastoralreferentin Jutta Blümel immer wieder neu: »Steh auf und iss! Sonst ist der Weg zu weit für dich.« (1 Kön 19,7) und »Wenn du durch Wasser schreitest, bin ich bei dir, wenn durch Ströme, dann reißen die dich nicht fort.« (Jes 43,2). Für die Berlinerin bedeutet das: »Egal was passiert, dieser Gott ist gut und zuverlässig.«

Pastoralreferentin ist für sie der einzige Beruf, den sie sich vorstellen kann, und sie ist froh, dass sie hier gelandet ist. Hier, das ist die Katholische Studierendengemeinde Edith Stein (KSG) in Prenzlauer Berg in St. Augustinus. Zum Team zählen neben ihr der bisherige Studentenpfarrer Thomas Treutler OP und der Gemeindeassistent Stephan Weiser. Blümel koordiniert die inhaltliche Arbeit, erarbeitet das Programm in Absprache mit den Studierenden, ist für die Gemeindeabende verantwortlich. Am Anfang ihrer Tätigkeit in der KSG war mehr Bildungsarbeit gefragt, heikle Themen wie Asyl, Suppenküche oder Tagespolitik. Und ganz oben auf der Liste: »Zeit haben ist wichtig, viele gehen in dieser großen Stadt unter, haben wenige Kontakte. Hier gibt es viele einsame Hirsche, die meinen, sie sind die einzigen, die in der Riesenstadt nicht zurechtkommen. Wir schaffen die Möglichkeit, dass sich Studies treffen und gemeinsam Christ sein können.«

Ihr ist es wichtig, dass sie die Studierenden mit Namen ansprechen kann, ihnen das Gefühl zu geben, ich werde hier gesehen und wahrgenommen und bin nicht nur eine Immatrikulationsnummer. Das Publikum in der KSG ist bunt gemischt von allen Berliner Hochschulen. Auch junge Erwachsene, die den Absprung in eine Ortsgemeinde nach dem Studium nicht geschafft haben, kommen in die KSG. Eine Schwierigkeit sei, dass Studierende immer jünger werden (demnächst mit 17 Jahren) und somit die Altersspanne nach oben hin sehr groß wird. Die Arbeitskreise, die sich z.B. dem Thema Asyl widmen oder Kontakte zu Inhaftierten der JVA Tegel pflegen, ziehen oft ganz andere Studierende an, die teilweise keine Berührungspunkte zur eigentlichen KSG haben, der Kirche kritischer und ferner gegenüberstehen und dann erstaunt feststellen, was auch katholische Kirche sein kann.

Auf alternativen Wegen zu Gott

Mit der KSG kam Jutta Blümel selbst nicht erst durch ihren Job in Berührung, sie kennt sie aus ihrer eigenen Studentenzeit in Münster. Die Berliner Pflanze wird 1954 in Kreuzberg geboren und in St. Christophorus getauft, sie hat sieben Geschwister. In Sachen Religion haben sie die Eltern nicht in die Kirche gezwungen. Der Vater war katholisch, starb, als sie fünf war. Die Mutter hatte keinen Bezug zum Glauben. Als sie selber mit Glauben in Kontakt kam, mied sie das Thema zu Hause: »Ein vermintes Gebiet!« So dauert es auch eine Weile, bis sie ihrer Mutter sagt, dass sie Berlin verlässt, um katholische Theologie zu studieren. Ihre Familie versteht nicht, was sie da macht. Doch bis es soweit ist, vergeht noch einige Zeit: In St. Fidelis macht sie ihre ersten Erfahrungen in einer Gemeinde als Kommunionkind. Mit zwölf Jahren kommt sie durch den außerschulischen Religionsunterricht nach Herz-Jesu Tempelhof. Wie ehrenamtliche Jugendarbeit funktioniert, erfährt sie mit 17, als sie in die Pfadfinderarbeit »hineinschnuppert«, wo »alles ohne Hauptamtliche gemanagt wurde«. Jutta Blümel merkt schnell, dass sie solche Arbeit auch machen möchte. Nach dem Abitur und einem sechswöchigen Ausflug als Altgriechischstudentin an der Freien Universität Berlin geht sie nach Münster und beginnt das Studium der Theologie, das sie in Würzburg fortsetzt. Dort begegnen ihr zwei prägende Hochschullehrer: Rolf Zerfaß, Professor für Pastoraltheologie und Homiletik, und der Spiritanerpater Professor Gottfried Bitter. In dieser Zeit ist die dortige Katholische Studentengemeinde ihre geistliche Heimat.

Mit Abschluss des Studiums ist sie noch unentschlossen, wie es weitergehen soll. Da vermittelt Zerfaß sie an Friedhelm Mennekes, dessen Gemeindearbeit sie sich doch mal anschauen solle. In Frankfurt am Main arbeitet sie daraufhin für zwei Jahre in der St. Markus-Gemeinde im Stadtteil Nied. Dort lernt sie eine kreative Form von Gemeindearbeit und Gottesdienstgestaltung kennen. Sie ist fasziniert von dem Jesuitenpater Mennekes und seiner Art, eine Gemeinde zu leiten. »Zum einen seine tiefe Spiritualität und andererseits diese Offenheit für randständige Jugend mit ihren Wünschen wie Motorradfahren oder Konzertbesuche und sein unglaubliches Charisma zu predigen. Hinzu kamen die Ausstellungen, die der Pfarrer initiierte, z.B. von Beuys. Diese alternativen Wege, die Menschen zum Glauben und zu Gott zu führen, bzw. wie Menschen zum Glauben und zu Gott finden, waren sehr beeindruckend. Und ich merkte, was alles machbar ist.«

Seelsorge im Dorf

An das Frankfurter Zwischenspiel schließt sich die Pastoralassistentinnenzeit ebenfalls im Bistum Limburg an. Sie entscheidet sich für den kirchlichen Dienst.

»Das Wort Berufung ist mir eine Nummer zu groß, ich hatte nicht das Gefühl, berufen zu sein. Ich habe Theologie studiert, weil das, was man da tut, mir und den anderen guttut. Gott hat mir Talente mitgegeben, die im Umgang mit Menschen nützlich sind.«

Sie arbeitet in der Kurseelsorge in Bad Ems, wo sie vielen Kranken begegnet und in der Jugendarbeit tätig ist. Hier ist sie besonders für die MinistrantInnen und die berühmte Kinder- und Jugendkantorei zuständig. In Bischof Franz Kamphaus erlebt sie einen authentischen und bescheidenen Hirten, der den Menschen zugewandt ist und sie durch sein Vorleben und seine radikale Orientierung am Evangelium überzeugt. Er hat ihr ebenfalls seinen Stempel aufgedrückt. Als Pastoralreferentin beginnt sie dann in einer Gemeinde im Taunus zu arbeiten, deren Pfarrer fünf Kilometer weiter weg ist, nämlich in Hofheim. Als pastorale Mitarbeiterin und Bezugsperson lebt Jutta Blümel im Pfarrhaus und betreut die Kirchengemeinde Lorsbach/Langenhain. »Das war eine sehr intensive Zeit, durch das Leben im Pfarrhaus hatte ich eine sehr enge Bindung zu den Gläubigen vor Ort, ich habe immer gesagt: Hier wird keiner geboren und stirbt niemand, ohne dass ich es weiß. Ich arbeitete auch in der Schule, die Kinder wussten, dass der Pfarrgarten für sie offen stand. Arbeiten und Leben gingen ineinander über.«

»Ich habe Theologie studiert, weil das, was man da tut, mir und den anderen guttut.«

Außerdem gehört sie bald zur »Dorfprominenz« und muss bei wichtigen Ereignissen wie Weihnachtsfeiern, Sportveranstaltungen an Pfingsten und Vereinsfesten zusammen mit dem Ortsvorsteher und den evangelischen Pfarrern präsent sein, Ansprachen halten etc.

»So funktionierte damals die Seelsorge im Dorf.«

Oder einfach mit anderen essen und quatschen

Doch es gibt auch stets den Wunsch, irgendwann zurück nach Berlin zu kommen. Bereits vor dem Fall der Mauer nimmt sie Kontakt auf und tritt am 1. Oktober 1990 ihren Dienst im Dekanat Zehlendorf an. Dort arbeitet sie zwölf Jahre als Pastoralreferentin mit den Schwerpunkten Jugendseelsorge, Familien- und Frauenarbeit, Katechese und Seniorenarbeit. Im April 2003 beginnt sie in ihrem heutigen Berufsfeld. Zuerst bei der Studentengemeinde Thomas Morus im Westteil Berlins. Gut ein Jahr später, im April 2004, am neuen Standort in Berlin-Prenzlauer Berg, St. Augustinus, wo die fusionierten Studentengemeinden eine neue bilden. Was für sie die Studierendengemeinde ausmacht, sind die hohe Fluktuation, die Vielfalt der Lebensgeschichten und Glaubenswege, die Fülle der Dialekte und Sprachen, die Bandbreite der gelebten Religiosität vom Rosenkranz bis zum getanzten Sanctus. »Viele kommen und schauen mal rein, einige bleiben, weil sie Anschluss suchen und finden, weil sie der Gottesdienst anspricht, die Themen der Gemeindeabende interessant sind oder sie einfach mit anderen essen und quatschen wollen. Studierende, die ein Semester im Ausland waren, sagen oft: ›Ich kenne hier gar keinen mehr, wo ist denn der und der …?‹«

Für Jutta Blümel ist diese Arbeit aber auch eine Form des aktiven Suchens. Was finde ich hier in der KSG, passt es mir, kann ich hier in der KSG im Glauben vorankommen? Die Studierenden wollen miteinander ins Gespräch kommen über Glauben und Religion. Sie suchen Orientierung, wie sie als Christen in dieser Stadt, an der Uni und im privaten Bereich leben können. Sie sieht in den Vorbereitungen für Feste, Feiern und Veranstaltungen die Möglichkeit, mit Menschen ins Gespräch zu kommen, etwas gemeinsam zu gestalten und auf die Beine zu stellen.

Man könne junge Menschen mit traditionellen Formen der Spiritualität erreichen, wenn man diese erklärt oder auch variiert, z.B. Anbetungselemente in eine liturgische Nacht einbaut, meint Blümel. Fortschritt ist für sie, den Menschen auf die Sprünge zu helfen, wenn Liedgut aus dem Gotteslob flott gespielt oder mit sog. »neuen geistlichen Liedern« kombiniert wird, wenn sie etwas Neues ausprobieren. Jutta Blümel bemerkt eine hohe Bereitschaft seitens der Studierenden, sich auf andere gottesdienstliche Gestaltung einzulassen. Aber auch immer wieder den Wunsch, eine einfache normale hl. Messe, ganz schlicht, zu feiern. So gibt es mittwochs studentische Andachten, »da kann man oder frau etwas ausprobieren«, da erzählen Einzelne, was ihnen diese oder jene Bibelstelle bedeutet. Sonntags wird die hl. Messe »ganz normal« mit Orgel, zwei Lesungen etc. gefeiert. Grundsätzlich ist in ihrer Arbeit der Wunsch da, eine Atmosphäre zu schaffen, damit Menschen über ihren Glauben, auch in größerem Rahmen, reden können. »Es geschieht zu selten, dass der Glaube Thema wird. Junge Erwachsene erwarten eine Antwort, eine Stellungnahme von uns. Leider kommt der Austausch darüber zu kurz, manchmal fehlt die Zeit, manchmal aber auch der Mut, die Gretchenfrage zu stellen.«

Zu alt für Studierendenarbeit fühlt sich die 56-Jährige nicht. »Ich muss meine Rolle immer wieder neu für mich definieren und reflektieren. Es hat Vorteile, die ›graue Eminenz‹ zu sein. Für einige bin ich der Mutterersatz – mit allen Facetten. Ich kann direkt nachfragen, wenn jemand nicht gut drauf ist.« Jutta Blümel kann sich auch noch mal etwas anderes vorstellen nach sieben Jahren Studierendenseelsorge, aber auch nicht alles. Es müsste wieder dicht an den Menschen dran sein, z.B. im Gefängnis. Momentan sieht sie aber keinen Grund, bei der KSG aufzuhören. »Die Arbeit dort macht mir auch Spaß, weil ich dicht am Menschen bin und das unter eingeschränkten Bedingungen. Die KSG bringt mir große Flexibilität und Freiheit.«

Es ist für sie wertvoll und bereichernd, interessante Referentinnen und Referenten in Vorgesprächen kennenzulernen und sich mit vielen Themen auseinandersetzen zu müssen, die in einer normalen Gemeinde bei Veranstaltungen wenig vorkommen.

Vertreibung aus dem Paradies

Beim Thema Frauen in der Kirche hat sie verschiedene Erfahrungen gemacht. Große Toleranz erlebte sie im Bistum Limburg bei Franz Kamphaus. Als der sie einmal fragte, wie es in Berlin gehe, antwortete Frau Blümel dem Bischof mit einem Augenzwinkern: »Nun weiß ich, was die Vertreibung aus dem Paradies ist.« Eine Beobachtung aus Limburger Zeit stimmt sie nachdenklich: »Wenn bei einer Firmung die Frauen unmittelbar vor dem Gottesdienst durch die Kirche springen, weil sie die letzten Vorbereitungen machen und dann mit dem Glöckchen nur noch Männer agieren, ist das schon eine befremdliche Beobachtung. Es ist nicht leicht, als Frau in der Kirche zu arbeiten. Auch nach so vielen Jahren hängt es manchmal von meiner Tagesform ab: ›Das geht heute gar nicht,‹ und morgen stimme ich dem Satz zu: ›Jeder Dienst ist gleichwertig.‹«

Die wohlwollende Einstellung aus dem Bistum Limburg gegenüber den nicht geweihten pastoralen Mitarbeitern und Mitarbeiterinnen: Sie sind wertvolle Mitarbeiter im Bistum, das fehle ihr hier, berichtet die Pastoralreferentin.

Als noch in ihrer Limburger Zeit das neue Kirchenrecht sich anbahnte, wurde auf einer Konferenz der Mitarbeiter im Bezirk – Laien und Klerus – über ein gemeinsames Vorgehen diskutiert. Konkret ging es um die Predigterlaubnis von Laien in Eucharistiefeiern, die durch Ausnahmeregelungen möglich war. Man einigte sich so: Eine Gruppe verfasst eine Stellungnahme zu den Änderungen und eine andere betet in der Kapelle dafür, dass die Argumente noch mal gehört werden sollten. »Kämpfen und beten, beides hatte Platz, das hat mich fasziniert.« (KM)

Jutta Blümel, geb. 1954 in Berlin-Kreuzberg, Pastoralassistentin und -referentin im Bistum Limburg, seit 1990 Pastoralreferentin im Dekanat Zehlendorf, seit 2003 Pastoralreferentin in der Katholische Studierendengemeinde Edith Stein (KSG) in Prenzlauer Berg in St. Augustinus, ledig.

Selbstbewusst und leidenschaftlich – Dialog entsteht aus Begegnung

Nadja Clam · *Religionslehrerin*

Seit 2009 unterrichtet Nadja Clam Katholische Religionslehre an zwei Neuköllner Gymnasien: an der Albert-Einstein-Oberschule und an der Hannah-Arendt-Oberschule. Schulen in einem Berliner Bezirk, der durch seinen hohen Anteil an Migranten und durch die Debatte um Gewalt an Schulen bekannt ist. Zugleich aber auch ein Bezirk, in dem die Auseinandersetzung mit dem Volksbegehren „Pro-Reli" auf eine eher unerwartete Weise Früchte trägt: Schulen entdecken den Religionsunterricht als einen bereichernden Bestandteil des Schullebens und wichtigen Integrationsfaktor und kämpfen um den Verbleib des Religionsunterrichts vor Ort. So bringen Religionslehrkräfte z.B. ihre erworbene Ausbildung als Streitschlichter/in zusätzlich in den Schulalltag ein, werden offiziell zur Mediatorin/zum Mediator gewählt und wirken so in schwierigen Situationen als Vermittler/in in den Schulen. Die katholische und evangelische Kirche haben auf diese Bewegung u.a. mit einer abgestimmten und verlässlichen Einsatzplanung sowie der Bereitstellung von geeigneten Kolleginnen und Kollegen geantwortet: Wo Schulen den Religionsunterricht mit guten Konditionen unterstützen, wirken sie bei der Profilbildung mit und fördern in Kooperation mit allen Beteiligten u.a. interreligiöse und interkonfessionelle Projekte an den Schulen.

Migration als existenzielle Erfahrung

Migration – für Nadja Clam anfangs noch kein Unterrichtsthema, wohl aber eine existenzielle Erfahrung: Als Tochter einer deutschen Mutter aus protes-

tantischem Hause und eines syrischen Vaters mit muslimischen Wurzeln und starkem Engagement für den panarabischen Sozialismus wird sie mit fünf Jahren in einen französischsprachigen Kindergarten eingeschult, um für die Rückkehr nach Syrien – damals französisches Protektorat – vorbereitet zu sein. 1969 geht es dann zwar nach Syrien, aber Syrien bemühte sich inzwischen, sich seiner kolonialen Vergangenheit zu entledigen, und so ist plötzlich nicht mehr die französische, inzwischen verbotene, sondern allein die arabische Sprache zugelassen. Die Teilnahme am muslimischen Religionsunterricht an der Jesuitenschule in Homs wird für die Tochter eines Muslims selbstverständlich. »Es gab immer die Auseinandersetzungen zwischen der europäischen Mutter, von der alle meinten, sie wäre etwas Besonderes, und der orientalischen Familie, die oft sehr eifersüchtig war.« Nach dem Umsturz in Syrien (1970) gerät die Familie in die Opposition, die Folterungen des Vaters und die ständige Angst der Mutter vor der Verschleppung der Kinder prägen den Alltag, ehe die Familie 1973 ins Bergische Land nach Deutschland abgeschoben wird. »Hier konnte ich zwar deutsch sprechen, aber nicht schreiben und lesen, ich spürte viele Ressentiments gegen so ein Ausländerkind, was eigentlich nichts auf dem Gymnasium zu suchen hatte, und dem Klassenkeile nicht nur angedroht wurde …« Für die junge Nadja Clam sind es die Kindergottesdienste, die sie wieder in Berührung mit ihren evangelischen Wurzeln bringen.

Im Studium der Islam- und Politikwissenschaft an der Universität Freiburg lernt sie ihren Mann kennen, einen griechisch-katholischen Christen aus dem Libanon. Zum Freundeskreis gehören sehr bald fromme und engagierte katholische Christen, deren Glaubenspraxis und wissenschaftliche Durchdringung des Glaubens Nadja Clam faszinieren, »weil beides authentisch ist und Einblicke in eine bis dahin unbekannte Welt ermöglichte«. Ihr Mann erhält eine Stelle als Sakristan in einer Gemeinde in Düsseldorf, die junge Familie Unterkunft und Heimat – überlebenswichtig für eine stetig wachsende Familie, zu der am Ende sechs Kinder zählen. In diese Zeit fällt auch die Konversion zum katholischen Glauben.

Erste Erfahrungen mit dem Religionsunterricht in Frankreich

In den 80er Jahren verlässt die Familie Deutschland und zieht nach Perpignan in Frankreich. In Berührung mit der Charismatischen Bewegung ebenso wie mit Traditionalisten wird für Nadja Clam die Basisevangelisierung immer wichtiger. Mit hohem persönlichen Einsatz arbeitet sie ehrenamtlich in der Gemeinde, leitet den Kirchenchor und die humanitäre Hilfsorganisation »Appel Détresse«, ist verantwortlich für die Organisation und Betreuung des »Sonntagstisches«, einer wöchentlichen Festmahlzeit für bedürftige und obdachlose Personen in der Stadt. An der theologischen Fakultät der Universität Straßburg erlangt sie schließlich die Voraussetzung zur Erteilung des katholischen Religionsunterrichts an Mittel- und Oberschulen in Straßburg. »Die Wirren des Religionsunterrichts im Elsass hatten zur Folge, dass ich im Laufe der fünf Berufsjahre in sechs bzw. sieben verschiedenen Schulen von der 5. bis zur 12. Klasse unterrichten konnte. Das Pendeln zwischen drei, manchmal gar vier verschiedenen Schulen hat natürlich eine Anzahl von Nachteilen, aber nicht nur, denn ich bekam Einblicke in eine Fülle verschiedener Schultypen mit ihren jeweiligen soziokulturellen Besonderheiten und den ganz extrem unterschiedlichen Haltungen gegenüber konfessionellem Religionsunterricht. So lernte ich, Unterrichtsinhalte immer wieder neu dem entsprechenden »Schülerpublikum« anzupassen und konnte mir innerhalb der Lehrergemeinschaften, die dem Religionsunterricht oft ablehnend bis feindlich gegenüberstanden, dennoch eine angesehene Stellung erarbeiten.«

> **»Damit man eine vergleichbare Ebene des Dialogs findet, müsste man mit den muslimischen Schülern zunächst einmal Islam-Unterricht machen.«**

Permanenter Rechtfertigungszwang, ablehnende bis gleichgültige Kollegien, das Buhlen um Schülerinnen und Schüler, oft auf Kosten von so manch wertvollem Inhalt, aber zur finanziellen Absicherung unverzichtbar – Beschreibung des Religionsunterrichts im Elsass oder in Berlin? »Die vielen Ähnlichkeiten mit der elsässischen Situation ermutigten mich nach der berufsbedingten Versetzung meines Mannes nach Berlin zu einer Bewerbung als Religionslehrerin im Erzbistum Berlin«.

Anderssein als Reichtum in der Begegnung

Ihre Schülerinnen und Schüler in Berlin-Neukölln sind überwiegend polnischer Herkunft, muslimische Schülerinnen und Schüler zu erreichen, stellt sich als besonders schwierig heraus. »Damit man eine vergleichbare Ebene des Dialogs findet, müsste man mit den muslimischen Schülern zunächst einmal Islam-Unterricht machen. Die Werbung für einen echten und gleichberechtigten Dialog fällt umso leichter, je weiter sich die Schulen für die Herkunftskultur der Kinder und Jugendlichen öffnen.« So sucht Nadja Augenhöhe zu führen und eine wirkliche Begegnung einzugehen. Aber das ist schwer in Berlin. Das ist nicht die Schuld der Lehrkräfte, die etwa niveaulos wären. Nein, die Arbeits- und Rahmenbedingungen zwingen sie, die Schüler mit dem zu füttern, was sie gerade noch bei der Stange hält. Der Charakter des Religionsunterrichts als Wahlfach, das beliebig gewählt und abgewählt werden kann und wird, nimmt dem Fach viel von seiner Ernsthaftigkeit. Wir können unsere Schüler nicht ›zwingen‹, still zu sitzen, zuzuhören, zu lernen, zusammenzufassen, aufzuschreiben – was im Geschichtsunterricht geht, geht eben nicht im Religionsunterricht!« Nadja Clam übt ihren Beruf mit Leidenschaft aus. Was bleibt also, um den fragenden und interessierten Kindern und Jugendlichen religiöse Bildung nahezubringen? Hat

»… eine fundierte Kenntnis des christlichen Glaubens haben, mit der sie in der Lage sind, einen Dialog auf Augenhöhe zu führen und eine wirkliche Begegnung einzugehen.«

Clam in ihren Schulen bewusst die Begegnung mit Migranten, bringt sich mit ihrer Biographie in Projekte zur Identitätsfindung ein: Am Beispiel »Abraham« lernen Schülerinnen und Schüler in der Hannah-Arendt-Oberschule in einem Projekt mehrerer Fächer mit ihren eigenen, bisweilen sehr brüchigen Lebensläufen den respektvollen Umgang mit ihren Mitschülerinnen und -schülern und erleben ihr Anderssein als Reichtum in der Begegnung. Ein Seminarkurs zum Nah-Ost-Konflikt wird in Kooperation zwischen den Fächern Geschichte, Sozialkunde und Religion gestaltet, umfasst eine gemeinsame Fahrt nach Israel und ermöglicht vielen Oberstufenschülerinnen und -schülern neue Perspektiven im Umgang mit Religion. »Mein Herz, meine Seele, mein Glaube ist in der christlichen Religion verwurzelt. Wenn ich nicht selbst mit meiner ganzen Person in diesem Glauben stünde, wäre ich im Religionsunterricht falsch. Aber ich verstehe mich in der Schule zunächst nicht nur als Katechetin – das auch –, sondern würde mir wünschen, dass die Schüler Christentum historisch und gedanklich einordnen können, mit Quellen arbeiten, Methoden an die Hand bekommen und mit Lektüre angemessen umgehen können, kurz: eine fundierte Kenntnis des christlichen Glaubens haben, mit der sie in der Lage sind, einen Dialog auf der Religionsunterricht in Berlin Zukunft? »Ich glaube, wir sind viel zu ängstlich. Und wer Angst hat, schaut nach hinten und verpasst die Möglichkeit, kreativ zu werden. Wir müssten selbstbewusster auftreten als Katholiken in Berlin! Wir werden wahrgenommen, wenn wir uns auf die direkte Begegnung mit unbekannten und andersdenkenden Menschen einlassen und uns dem Dialog öffnen. Wir sind nicht nur ein Verein guter Intentionen, wir haben einen Schatz an Bildung und Kultur zu vermitteln, aber dieser Schatz kann sehr unterschiedlich an den Schulen aufleuchten: hier als Religionsunterricht, dort als Betreuung bei Hausaufgaben, hier als Initiative christlicher Eltern in der Cafeteria, dort als Gemeindeengagement bei den Lesepaten! Das geht allerdings nur, wenn wir Religionsunterricht nicht ständig klein rechnen, sondern die Chance erkennen und ergreifen, junge Menschen mit der christlichen Bildung und Kultur in Berührung zu bringen – und dabei vielleicht sogar Menschen mit Interesse für eine kirchliche Gemeinde oder künftige Kirchensteuerzahler entdecken!« (stü)

Nadja Clam, geb. 1963 in Heidelberg, Religionslehrerin, verheiratet, sechs Kinder.

Manchmal auch Spaß, vor allem aber Freude

Diakon Hans-Joachim Seyer

Müsste die Urlauberseelsorge auf der Insel Rügen vorwiegend in der Ostsee stattfinden, wäre Hans-Joachim Seyer eine komplette Fehlbesetzung. An einer Hand kann der Diakon abzählen, wie oft er sich pro Saison in die Fluten stürzt. Besuche am Strand kommen zwar häufiger vor, nicht zuletzt bei ökumenischen Andachten für die Touristen. Zur eigenen Erbauung am nahen Strand der Prorer Wiek kommt er dagegen während der Sommerzeit kaum.

Im Herbst 2003, wenige Wochen nach seiner Weihe zum Ständigen Diakon, hat es Seyer und seine Frau Margarita nach Binz an die große Bucht im Osten der Insel verschlagen. In Sichtweite zu den Saßnitzer Kreidefelsen liegt hier nicht nur eines der touristischen Zentren Rügens. Mit der Kirche Stella Maris am Binzer Klünderberg hat der Ort seit den 1920er Jahren auch eine katholische Seelsorgestelle, die heute zur Pfarrei St. Bonifatius in Bergen gehört.

»Die Kerngemeinde besteht hier aus etwa 1.400 Katholiken. Unsere Pfarrei ist aber größer als Berlin«, verweist Seyer auf Ausdehnung und Verkehrsverhältnisse, die sich deutlich schwieriger gestalten als in der Hauptstadt. Schmale Straßen mit idyllischem Alleecharakter verbinden die Orte bis auf die teils entlegenen Halbinseln. Um zu den Gläubigen zu kommen, gerade bei Krankenbesuchen zur Kommunionspendung, verbringt Hans-Joachim Seyer viele Stunden im Auto. Neben der Gemeinde- und Urlauberseelsorge ist Seyer mit anderen Aufgabengebieten betraut, die kilometerträchtig sind. Die Gefängnisseelsorge in Stralsund gehört dazu, die nur in enger ökumenischer Zusammenarbeit mit einer evangelischen Pastorin möglich und sinnvoll ist. Sehr eingeschränkt sind auch die Möglichkeiten in der Dekanatskrankenseelsorge, die ihm anvertraut ist. »Wenn ich überall Besuchsdienste organisieren und begleiten sollte, würde ich mehr Zeit im Auto verbringen, als mir für diesen Bereich überhaupt zur Verfügung steht«. Rund zweihundert Kilometer in Nord-Süd- und etwa hundert in Ost-West-Ausrichtung misst die Seelsorgeregion. »Die Kranken werden vor allem durch die Pfarreien vor Ort betreut«, erzählt Seyer und setzt auf die langjährig eingespielten Strukturen. Eigene Krankenhausseelsorger hat es in der Kirche Vorpommerns nie ge-

geben. Traditionell haben die Pfarrer die Kranken zuhause und in den Kliniken besucht, wobei sie damals wie heute auf Informationen aus der Gemeinde angewiesen sind. Auf der Insel Rügen leistet Diakon Seyer den Großteil der Krankenseelsorge selbst. »Ehrenamtliche Helfer zu finden, ist auf der Insel besonders schwierig. Zum einen sind die Wege für das Engagement sehr weit und andererseits haben die Leute in der Saison sehr viel zu tun.« Wenn Seyer die wirtschaftliche Situation der einheimischen Kerngemeinde beschreibt, dreht sich alles um den Tourismus. Der größte Teil der Gläubigen lebt direkt oder indirekt von den zahlenden Gästen. Viele versuchen, mit Zimmervermietungen etwas hinzuzuverdienen und die winterliche Flaute damit auszugleichen. Die Gästebetreuung ist zeitintensiv. Kirchliches Engagement oder der Besuch von Gemeindeveranstaltungen stoßen hier für viele schnell an Grenzen. Hans-Joachim Seyer und seiner Frau sind diese Alltagssorgen nicht fremd. Auch im Binzer Pfarrhaus, in dem das Ehepaar lebt, sind Gästezimmer zu betreuen. Wenn auch ein Teil der Zimmerkapazität durch den derzeitigen Neubau der Kirche entfallen ist, bleiben Vermietungen zu organisieren. Hier ist vor allem Margarita Seyer gefragt, die mit einer viertel Stelle als Pfarrsekretärin tätig ist und hier ein zweites Aufgabenfeld hat. Pastoral und Vermietungen überschneiden sich nicht nur, weil die Gäste fast immer praktizierende Katholiken sind.

Seelsorge aus den hinteren Reihen

Gern gesehen sind Priester, die hier ihren Urlaub verbringen und nebenbei Gottesdienste übernehmen. »Für die Urlauber versuchen wir, mindestens in der Hauptsaison eine ordentliche Versorgung mit Heiligen Messen hinzubekommen«, erklärt Hans-Joachim Seyer, der mit seinem Pfarrer Arnd Franke die ganze Insel betreut, auf der noch vor dreißig Jahren vier Priester wirkten. Sind außerhalb der Ferienzeiten im Wechsel an den verschiedenen Gottesdienstorten Wort-Gottes-Feiern üblich, begleitet Seyer im Sommer die Gastpriester, assistiert am Altar, tritt nebenher als Fahrer und Fremdenführer in Erscheinung. »Weniger zu tun habe ich durch die Gastpriester eigentlich nicht. Zwar werde ich bei der Gottesdienstvorbereitung entlastet. Predigten habe ich trotzdem öfter und vor allem ergeben sich zusätzliche Wege.« Die Verbindung von Krankenbesuchen mit dem Gottesdienst sei beispielsweise schwieriger. Schließlich seien die aushelfenden Geistlichen auch vor allem Urlauber. Wenn der Diakon die Verhältnisse beschreibt, klingt es nie nach Beschwerde. Man merkt ihm an, dass er seinen Dienst gern tut. »Mir macht das hier eigentlich immer Freude. Manchmal auch Spaß, vor allem aber Freude«, unterscheidet er. Großen Anteil daran hat die gute Zusammenarbeit mit seinem Pfarrer Arnd Franke, mit dem auch seine Frau hervorragend

»Mir macht das hier eigentlich immer Freude.«

zusammenarbeitet. Dass der Pfarrer als sein »Chef« 25 Jahre jünger ist als er selbst, stört Seyer nicht im Geringsten. Obwohl er in seinem Leben auch schon leitende Funktionen innehatte, sagt er von sich, er könne gut in der zweiten Reihe stehen. »Wenn du das nicht kannst, dann lass es lieber bleiben«, sagt er und erklärt augenzwinkernd, wie er seine Position auch geistlich deutet. »Eigentlich stehe ich ja sogar noch eine Reihe weiter hinten. Erst kommt der Herr,

dann der Pfarrer und dann erst irgendwann ich. Wenn ich den Kranken sage, ich habe ihnen den Heiland mitgebracht, stimmt das so ja gar nicht. Ich bin ja der, der mit dem Herrn mitkommt.« Freundlich-selbstironisches Querdenken ist eines seiner Merkmale.

Mit mancher witzigen Bemerkung nimmt er seinen Gesprächspartner ein, etwa wenn er bemerkt, man stelle sich auf die Bedürfnisse der Urlauber ein und halte PKW-Predigten. Wobei die Abkürzung nicht für den Ort der Predigtvorbereitung steht, sondern mit der Wendung »paar kurze Worte« eine kurze, aber prägnante Ansprache beschreibt.

Vom Stellenabbau ins Diakonat

Mit seinem gelassenen Humor beschreibt er auch seine berufliche und »katholische Karriere«. »Angefangen hat das Ganze mit meiner Nottaufe, weil ich so mickrig war, dass meine Mutter Angst um mich hatte«, erzählt er mit einem Schmunzeln durch den Vollbart. Fast 55 Jahre spielte sich sein Leben vorwiegend im Pfarrgebiet von St. Elisabeth in Königs Wusterhausen ab, unterbrochen durch die Studienzeit in Dresden. In seiner Familie war der Glaube praktizierte Selbstverständlichkeit, ohne FDJ und Jugendweihe. »Geprägt hat mich mein erster Ministrantenkaplan Hans-Joachim Hartmann und später natürlich Johannes Müller als Pfarrer.« Während des Studiums ist er bereits mit seiner Frau Margarita zusammen. Im Sommer 1971 heiraten die beiden und ziehen in Königs Wusterhausen ihre drei Kinder groß. Als Diplom-Ingenieur für Papiertechnik hilft Seyer indirekt mit, dass anderen ein Licht aufgeht: als Konstrukteur von Verpackungen für Lampen bei NARVA in Berlin. »Zwölf Jahre später hat mich der liebe Gott dann schon etwas in den kirchlichen Dienst geholt und ich bin ins katholische Krankenhauswesen eingestiegen.« Etwa 15 Jahre lang war er zunächst als Objektleiter im Krankenhaus Hedwigshöhe und später hier und im St. Hedwigs-Krankenhaus als Wirtschaftsleiter tätig. Als der Caritasverband Mitte der 1990er Jahre rund 60 Stellen abbaute, musste Seyer nicht nur den Betroffenen die Entlassung verkünden; er selbst stand mit auf der Liste.

»Selbst betroffen zu sein, hat mir die Gespräche damals etwas leichter gemacht, die ich führen musste.« Wäre er bis zur Rente im Krankenhaus geblieben, hätte er sich wohl nicht auf den Weg zum Diakonat gemacht. »Meine missionarische Ader konnte ich dort eigentlich besser ausleben, als das heute in der Gemeinde geht.« Mit Lieferanten und Handwerkern, oft »gelernte DDR-Bürger«, kam er im Krankenhaus oft auch in Glaubensgespräche. Er sei dort recht offensiv gewesen und die Leute hätten auch gefragt. Der Weg zum Diakonat eröffnete sich mit der Entlassung bei der Caritas. »Da ich zu dieser Zeit schon 25 Jahre Diakonatshelfer war und mein angeheirateter Cousin Willy Klein zu den ersten Diakonen im Bistum gehörte, war der Gedanke nicht ganz abwegig.« Weihbischof Wolfgang Weider, viele Jahre verantwortlich für den Ständigen Diakonat, meinte schließlich, die äußeren Umstände könnten wohl auch auf eine Berufung hindeuten. »Jedenfalls hat kein Engel mit flammendem Schwert an meinem Bett gestanden und mir gesagt, ich müsste jetzt Diakon werden«, erklärt Seyer lakonisch. Dieser neue Weg war nicht frei von Brüchen. Der Zeitpunkt der Weihe im Juli 2003 fiel in die schwierigste Zeit der Finanzkrise im Erzbistum. Der Traum, von zuhause aus seelsorglich tätig zu sein, zerschlug sich. Gerade war das Einfamilienhaus saniert, der Garten fertig gestaltet und das erste Enkelkind geboren, als der Dienst auf der Insel Rügen als einzige Einsatzoption rief, zudem nur mit einer halben Stelle. Der Abschied fiel

> »Meine missionarische Ader konnte ich dort eigentlich besser ausleben, als das heute in der Gemeinde geht.«

Hans-Joachim und Margarita Seyer sehr schwer. »Wenn wir hier irgendwann wieder weg müssen, werden wir wohl wieder Rotz und Wasser heulen«, sagt der Diakon heute. Die Insel Rügen mit dem Ostseebad Binz und der Pfarrei St. Bonifatius in Bergen ist für beide längst zum neuen Zuhause geworden. (mar)

Diakon Hans-Joachim Seyer, geb. 1948 in Zeesen, Diakonenweihe 2003, verheiratet, drei erwachsene Kinder, seit 2003 Ständiger Diakon in der Pfarrei St. Bonifatius Bergen (Rügen), seit 2007 zusätzlich Dekanatskrankenseelsorger im Dekanat Vorpommern und Gefängnisseelsorger an der JVA Stralsund.

Ich bin für die Leute da und das merken die auch

Pfarrer **Konrad Richter**

Wenn Pfarrer Richter heute den Berliner Ring entlangfährt und bei Wildau die durch ihn projektierte Uferbefestigung von Dahme und Staabe sieht, fragt er sich, wie er das einmal alles hinbekommen hat. »Heute wüsste ich nicht mal mehr, wo ich da anfangen sollte zu planen.« Der Gemeindepfarrer von Schwedt und Angermünde hatte zunächst Zimmermann und Bauingenieur gelernt, bevor er Priester wurde. Uferbefestigungen macht er höchstens noch im übertragenen Sinn.

Geboren wird er am 25.07.1944 in Neuschloss, im Sudetenland, als jüngster von sechs Brüdern. Seine Familie wird 1945 vertrieben und dann im Kreis Torgau angesiedelt. Dort geht Konrad Richter zur Schule und verbringt die Kindheit in Bockwitz, einem Dorf mit 350 Einwohnern. Im Ort ist keine Kirche, und so muss die Familie den sonntäglichen Weg von vier Kilometern zum Gottesdienst auf sich nehmen. »Es war selbstverständlich, dass man zur Kirche geht, mein Vater hatte einen handgeschriebenen Kreuzweg, den betete er viel.« Es ist das Beständige, das ihn prägt.

1955 gelangt die Familie nach Berlin-Grünau, dort macht Richter auch Abitur. Es folgen die Ausbildung zum Zimmermann und dann ein Bauingenieurs-Studium. Erst während der Arbeit als Bauingenieur entschließt er sich, Priester zu werden.

Schicken wir es ab!

Pfarrer Joachim Heinrich, sein Heimatpfarrer in Grünau/Bohnsdorf, ist ihm dabei Vorbild. Richter findet dessen Art schon immer gut, als Pfarrer hat er vermutlich viel mehr von ihm übernommen, als er sich eingestehen will. Mit ihm zusammen schreibt er Pfingsten 1971 die Bewerbung. Pfarrer Heinrich fragt ihn, als alles ausgefüllt ist: »Wegwerfen oder losschicken?« »Schicken wir es ab!«, antwortet Richter darauf.

Nach dem Sprachenkurs in Halle und dem Studium in Erfurt wird er am 24. Juli 1978 zum Priester geweiht – alphabetisch bedingt als letzter von allen Kandidaten. Damit war er auch der Letzte überhaupt, den Kardinal Bengsch in St. Hedwig zum Priester weihte.

Er kommt als Kaplan nach Brandenburg an der Havel, bevor er von 1980 bis 1984 Rektor des Christian-Schreiber-Hauses in Alt-Buchhorst wird. In jener Zeit beendet er die Bauarbeiten vor Ort, die unter seinem Vorgänger Richard Rupprecht begonnen wurden. Seine nächste Station ist Schöneiche bei Berlin, um dort den Sprachenkurs zu leiten. Er muss 28 Studenten »bei Laune halten«, ist u.a. auch für das Abendprogramm und den Lehrkörper zuständig. »Bei Prüfungen saß ich als Leiter des Seminars mit dabei und merkte, wie schwer es manchen fiel. Doch da war ich immer auf der Seite des ›Angeklagten‹.« Manch ein Student hat es ihm zu verdanken, dass er durchkommt.

Wissen, wie es weitergeht

In der Zeit von 1987 bis 1989 bittet Richter um Beurlaubung, um sich sammeln zu können. Zur Wendezeit ist er in Prenzlau tätig. Bereits im Sommer 1989 ahnt er schon: »Es geht nicht mehr lange mit der DDR.« Es sei ein »aufgewühltes Gefühl« gewesen in der Bevölkerung im Herbst 1989 gegenüber dem Sozialismus. Viele hätten eine bessere DDR vor Augen gehabt und nicht unbedingt gleich die Wiedervereinigung. Einer befreundeten Ordensschwester vom Bodensee sagt er im Sommer 1989: »Im nächsten Sommer mache ich am Bodensee Urlaub.« Das war dann 1990 auch so, »ich machte im Juli erst mal dort Ferien.« Als es im Herbst 1989 ein Infoveranstaltung im Kultursaal Prenzlau gibt, geht er nach vorne zum Podium und sagt: »Wir wollen keine Geschichten von früher hören, wir wollen wissen, wie es weitergeht« – danach kennt man Pfarrer Richter.

Seit 1990 ist er Pfarrer der Pfarrei Maria Himmelfahrt Schwedt, im Nordosten Brandenburgs an der polnischen Grenze. Nach 20 Jahren Wiedervereinigung hat sich Einiges in Schwedt getan, die Stadt ist schöner geworden. Zuwider ist ihm jedoch der »braune Ruf«, den Schwedt in den frühen 1990er Jahren hatte. »Es hat heftige Szenen gegeben, das war nicht schön, mit Handgreiflichkeiten. Die Ernüchterung kam, dass auch solche Entwicklungen möglich sind, nach der Wende.«

Mit Angermünde zusammen zählt die Gemeinde jetzt gut 1.650 Gläubige. 1990 waren es ca. 2.000 allein in Schwedt. Hier leben auch polnisch stämmige Familien mit Kindern, sie legen zwar besonderen Wert auf die Erstkommunion, tauchen dann aber im Gemeindeleben oft nicht mehr auf, so Richter.

Seelsorge im Hier und Jetzt

Er findet es wichtig, Gottesdienst zu feiern, Glauben nahezubringen, er ist keiner, der große Visionen umsetzen will. »Ich lebe jetzt und hier und möchte jetzt etwas tun. Ich bin gerne Pfarrer, so soll es wohl sein.«

Von Schwedt aus ist er seit der Zusammenlegung auch für Angermünde zuständig. Er steht solchen Veränderungen offen gegenüber, auch wenn manche

Verhaltene Töne

Über die Oder hinweg zu den polnischen Nachbarn gibt es gute Kontakte, allerdings überwiegend unter den Pfarrern. Mit den Gemeinden schon weniger, nicht zuletzt wegen der Sprachbarrieren.

Aber Messen zusammen feiern, zu Fronleichnam nach Polen fahren, gemeinsam Kreuzweg beten und gemeinsames Weihnachtssingen, das gibt es schon. Für mehr Veranstaltungen fehlt auf beiden Seiten die Zeit. Die Katholiken im Nachbarland haben andere Strukturen. Es gibt nicht die Gremienstrukturen wie in Deutschland, die sich begegnen könnten, doch: »Wir nehmen uns herzlich wahr«, berichtet Konrad Richter.

Am Herzen liegt dem geborenen Sudetendeutschen auch die Versöhnung mit den tschechischen Nachbarn. Mittlerweile ist Pfarrer Richter für die jährliche Wallfahrt ins Sudetenland, zum »Marienbrünnl« bei Ketzelsdorf, zuständig. Mit Hilfe der Sudetendeutschen konnte die Kirche dort renoviert werden. Zur Wallfahrt kommen auch immer tsche-

»Ich lebe jetzt und hier und möchte jetzt etwas tun. Ich bin gerne Pfarrer, so soll es wohl sein.«

sich dagegen wehren und »ihren« eigenen Pfarrer vor Ort behalten wollen: »Eure Kinder sind schon kaum in der Kirche, eure Enkel gar nicht, wären die da, gäbe es auch einen eigenen Priester«, antwortet Pfarrer Richter ihnen dann.

Richter sah nie einen Grund, sich zu verändern und woanders hinzugehen. Hätte man ihn ernsthaft gefragt, hätte er auch ernsthaft darüber nachgedacht und erst dann eine gut überlegte Antwort gegeben, sagt er nach all den Jahren. So aber bleibt er in Schwedt.

»Kinder und Jugendliche so mit dem Glauben vertraut zu machen, dass ihnen das im Leben hilft. Egal, ob sie dabeibleiben oder nicht, das ist mir wichtig.« Er fährt gern zur Religiösen Kinderwoche (RKW) und auf Kommunionskursfahrten. Mit der Jugend ist er zum Weltjugendtag 2005 nach Köln gefahren, so etwas bedeutet ihm viel. Junge Menschen sollen gute Erfahrungen im Glauben machen können, wie er selbst es auch erlebt hat. Die Jugendlichen zu erreichen, sei schwieriger, allein schon durch die vielen Möglichkeiten und Ablenkungen heutzutage.

chische Christen, und so treffen sich dort ehemalige Bewohner der Gegend mit einigen, die heute dort wohnen. Nach dem Gottesdienst gibt es ein Volksfest mit Essen, Trinken und gemeinsamen Liedern. Diese Treffen sind ihm wichtig, weil sie ihm zeigen: »Versöhnung ist möglich!«

Als spirituelle Quelle ist ihm die Liturgie wichtig, die Feier des Gottesdienstes. Zu einer gelungenen Liturgie gehören Lieder und Fürbitten sowie ein guter Chor und ordentliches Orgelspiel, wichtig ist ihm auch, dass die Kinder im Gottesdienst einbezogen werden. Er misst sich dabei immer an seinem ersten Pfarrer, Pfarrer Semrau, den er für unerreichbar hält. »Der feierte jede Messe, als wäre es seine erste.« Seine Gemeinde leitet er mit Zurückhaltung. »Ich muss nichts mit Gewalt vorantreiben. Klarheit, das muss sein. Ich bin eher ein Freund der verhaltenen Töne. Ich lebe gerne hier und bin für die Leute da, und das merken die auch.« (KM)

Pfarrer Konrad Richter, geb. 1944, Priesterweihe 1978, seit 1990 Pfarrer von Schwedt an der Oder.

Pfarrer **Konrad Richter** 109

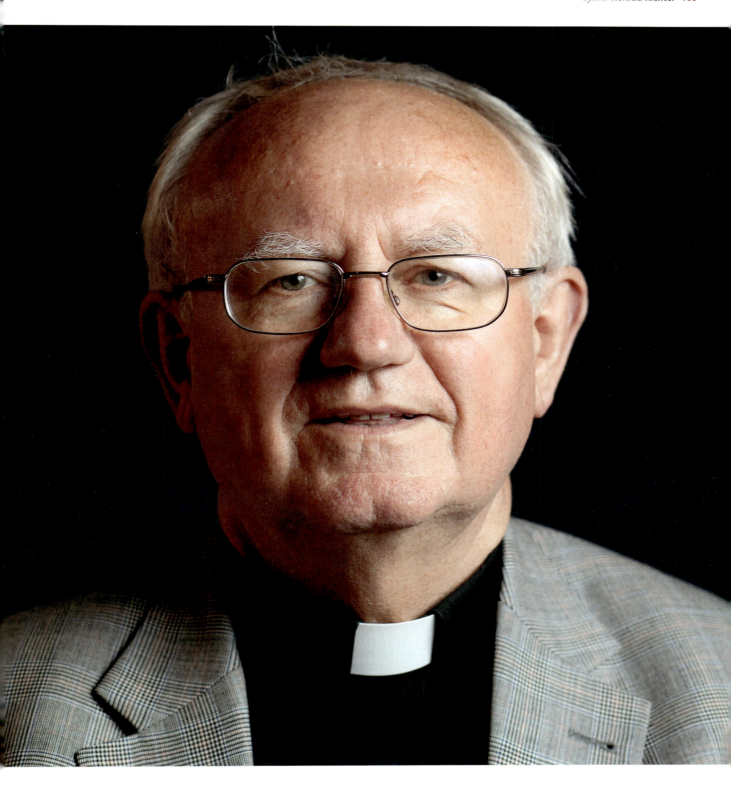

Der Heilige Geist mache uns Beine

Pfarrer Frank Hoffmann

Gleich hinter dem Pfarrhaus in Michendorf hat Pfarrer Hoffmann seinen Zeltplatz, eine idyllische, mit Bäumen bewachsene Wiese. Dort können die Pfadfinder biwakieren und gemeinsam mit der Natur und auch ein bisschen mit Gott in Berührung kommen. »Es ist ein wunderbares Mittel, um junge Menschen zu erreichen ohne sie abzuschrecken. Man wundert sich, wie viele Jugendliche Spiritualität entwickeln, ohne dass sie zuvor mit Kirche zu tun hatten. Ich würde eine große Chance vertun, wenn ich diese Möglichkeit nicht nutze.«

Frank Hoffmann führte sein Weg nicht direkt nach Michendorf. Nach dem Abitur in Oberhausen tritt er zunächst ins Benediktiner-Kloster Gerleve im westlichen Münsterland ein und beginnt für den Orden ein Theologiestudium in Salzburg. Erst ein Jahr vor der feierlichen Profess entscheidet er sich, den Orden zu verlassen. 1994 geht der heute 41-Jährige nach Berlin, um an der Freien Universität weiter Theologie zu studieren. In dieser Zeit entdeckt der frühere Ministrant für sich das Gemeindeleben wieder neu. 1995 bewirbt sich Frank Hoffmann als Priesteramtskandidat beim Erzbistum Berlin, schließt sein Studium in Erfurt ab und wird im Jahr 2000 zum Priester geweiht. Seit Ostern 2005 ist er Pfarrer von St. Cäcilia in Michendorf. Seit seiner Priesterweihe ist er auch Mitglied bei der Deutschen Pfadfinderschaft St. Georg (DPSG), mittlerweile auch deren Diözesankurat.

Für den jungen Frank Hoffmann ist es die Gemeinde, die ihn prägt. »Ich stamme aus einer katholischen Familie, aber mein Standbein war in der Gemeinde, ich musste dann noch zur Schule gehen – Schule musste sein – alles andere lief in der Gemeinde.«

Vom Wert der Liturgie

Als Ministrant lernt er auch die Liturgie schätzen und lieben, was er bei den Benediktinern dann auch wiederfindet: »Liturgie ist sehr vieles für mich gewesen, da habe ich mich ausprobiert. Liturgie muss einen hohen Anspruch an sich haben, nichts ist schlimmer als Liturgen, die nicht wissen, was sie tun, Liturgen, die aus Liturgie eine Ideologie machen.«

Eine würdige Liturgie kann man aber nicht nur in der Klosterkirche oder im Dom feiern: »Eine Eucharistie mit Pfadfindern ist nicht das, was man sonntags mit der Gemeinde feiern könnte – wenn man mit 70 Kindern und Jugendlichen im Sommerlager ist, von denen die Hälfte keine religiöse Sozialisation hat – mit denen muss man anders Gottesdienst feiern. Und dies funktioniert, auch eine Messfeier im Wald kann würdig und qualitätsvoll gestaltet sein.« Auf den Streit nach der »wahren« Liturgie lässt er sich nicht ein: »Es gibt nicht die einzige wahre Form, weder der tridentinische Ritus noch ein Gottesdienst in For-

men der Taizé-Brüder ist immer richtig, entscheidend sind die Menschen, mit denen man feiert. Das habe ich von Hauptamtlichen gelernt, die mich geprägt haben, z.B. ein langjähriger Kaplan, den ich erleben durfte, der hat die Kinder mitgenommen und ihnen Nähe geboten«. Im Lauf der Zeit hat er immer wieder pastorale Mitarbeiterinnen und Mitarbeiter erlebt, mit denen er seit seiner Leiterzeit als Teenager kollegiale Arbeitserfahrungen machen konnte. All diese Menschen und weitere Geistliche haben seinen Weg begleitet. »Für mich hat es immer eine große Rolle gespielt, dass es Leute waren, die nahbar waren.«

Solche Menschen haben in seiner eigenen Berufungsgeschichte eine große Rolle gespielt: »Angesprochen sein, fasziniert sein«, so übersetzt er für sich »Berufen sein«. Zum ersten Mal erlebt er dies Himmelfahrt 1984, als ihn sein Kaplan fragt, ob er sich nicht vorstellen könne, Priester zu werden. »Ich war völlig fasziniert von dem Gefühl, das mich dabei überkam.« Angesprochen und fasziniert ist er erneut ein Jahr später im Kloster in Gerleve von der großen Abtei mit heute noch mehr als 40 Mönchen. »Liturgien zu feiern, bei denen man jedes Zeitgefühl verliert. So eine Osternacht, die drei Stunden oder länger dauert mit allem Drum und Dran und hinterher nicht zu wissen, war es jetzt eine halbe Stunde oder waren es drei Stunden.« In Berlin schließlich verspürt er »so ein Angezogensein, wie Verliebtsein in die Perspektive«, das versteht er als Berufung.

Selbst so »angesprochen«, nutzt Pfarrer Hoffmann die Gelegenheiten, seinerseits Menschen anzusprechen. »Es ist in jedem Fall den Versuch wert, sie auf diese charmante Perspektive aufmerksam zu machen.«

Bei der eigenen Priesterweihe habe er keinerlei Aufregung verspürt, denn die eigentliche Entscheidung sei bei ihm schon längst gefällt gewesen. »Dieses Eingenommensein von dem, der da ruft.« Das macht ihn sicher und bereit. Die Entscheidung für den Priesterberuf sieht er als gar nichts Besonderes an, im Gegenteil, er bekundet großen Respekt vor

»… auch eine Messfeier im Wald kann würdig und qualitätsvoll gestaltet sein.«

Eltern, die eine viel größere Verantwortung übernehmen. Er will den Menschen auf Augenhöhe begegnen, nicht von oben herab: »Ich glaube, mein geistliches Handeln passiert so alltäglich und zwischendurch – es ist wenig Rolle, es ist vielmehr Person.«

Die Frohe Botschaft verkünden auch in der Verwaltungsarbeit

Für den Pfarrer von Michendorf setzt sich seine Arbeit als eine Mischung »aus gut zwei Drittel Organisations- und Vernetzungsarbeit und gut einem Drittel klassischer Pastoral« zusammen. Aber er leidet nicht darunter, selbst in der Verwaltungsarbeit sieht er Möglichkeiten, die Frohe Botschaft zu verkünden, auch wenn er beispielsweise mit dem Bauausschuss der Gemeinde unterwegs ist. »Da entsteht meist gemeinsam soviel Neues, über das man sich austauschen kann, da plant man konkret Kirche.« Ähnliches gelte für die Begegnung mit politischen Vertretern. Fazit: »Priester sein ist überall anders«. Noch beim BDKJ konnte er sich die Arbeit als Pfarrer nur schwer vorstellen, und nun arbeitet er an der »lebendigsten Landgemeinde« im Erzbistum Berlin mit. Zusammen hätten sie gelernt, nach vorne zu denken und sich Veränderungen nicht zu verschließen. So sei nun eine Zusammenarbeit mit einer anderen Gemeinde für alle Glieder denkbar, auch wenn er sich im Kreis seiner Priesterkollegen im Dekanat oft als Einzelkämpfer fühlt. »Die können meine sehr dynamische Art oftmals nicht teilen.« Andererseits sehe er auch, was sich alles bewege und dass er mit vielen gute Zusammenarbeit pflege. »Wichtig ist mir der Austausch mit einem Kreis von Mitbrüdern, der sich regelmäßig trifft. Wir kennen uns schon seit der Weihe. Außerdem habe ich wieder Kontakte zum Kloster Gerleve geknüpft.« Um spirituell »nicht zu verkümmern«, tankt er dort nach Möglichkeit mehrmals im Jahr auf. Die Mitbrüder und das Kloster sind seine zwei Säulen, die ihn neben dem persönlichen Gebet geistlich rege halten.

Zu Hause bei den Pfadfindern

Hinzu kommt, dass er sich bei den Pfadfindern der DPSG zu Hause fühlen kann. »Ich habe dort auch nichtkirchliche Leiter erlebt, die völlig selbstverständlich und überzeugend Andachten für die Gruppe gestaltet haben. Ich finde es im höchsten Grade anrührend zu sehen, wenn jemand, der nicht getauft ist, in diesem Verband so selbstverständlich Geistliches tut.« Bestätigend sind dabei für ihn Trauungen und Taufen, die er mit (ehemaligen) Pfadfindern feiert, »da kristallisiert sich diese aufgebaute Vertrautheit heraus.«

Kirche und Welt stehen für Pfarrer Hoffmann in keinem Widerspruch zueinander: »Nö! Wie denn auch? Ein Beispiel: Da bittet mich ein Bettler in der Einkaufsstraße, mich zu ihm setzen, und ohne dass er mich als Pfarrer erkannt hätte, fängt er an, mir von Gott und Kirche zu erzählen. Da soll noch mal einer sagen, Berlin sei eine gottlose Stadt!«

Auch wenn er als Vertreter der Kirche erkennbar ist – bei Feiern oder offiziellen Begegnungen –, erlebt er oft, dass Menschen mit ihren Fragen das Gespräch suchen. »Und dabei geht es selten um Kirche, Papst und Zölibat. Wir sind Welt, und Kirche ist in der Welt, und Welt ist in der Kirche.«

Veränderungen bedeuten auch neue Aufbrüche

Und daher hat er auch keine Angst vor der Zukunft, auch wenn sich die Diaspora-Situation vermutlich verschärfen wird: »In Zukunft werden wir als Kirche das Evangelium nur noch dann verkünden können, wenn wir uns darauf einlassen, auch mit Leuten zusammenzuarbeiten, die gar nicht zu uns gehören. Wir werden überwiegend mit denen arbeiten, die nichts gegen die Frohe Botschaft haben, sie bloß nicht kennen, noch nie davon gehört haben. Aber wenn sie damit in Berührung kommen, kann es sein, dass sie durchaus einen Sensus für das Heilvolle dieser gelebten Botschaft entwickeln.«

»Da soll noch mal einer sagen, Berlin sei eine gottlose Stadt!«

In Berlin und besonders in Brandenburg und Vorpommern sieht er die Chance, zukunftsträchtig zu arbeiten, denn hier sind die Ressourcen immer knapp, hier sei man nicht befrachtet mit dem katholischen Tischtennisverein, der auch mitreden will und der den Pfarrer wöchentlich sehen müsse. Es gebe weniger Gepflogenheiten, an denen geklammert werde, obwohl diese längst überkommen seien.

»Hier in Michendorf ist glasklar: Die Strukturen sind eh schon schwach und sind, wenn man es gut anfasst, leicht zu verändern. Ich glaube, wenn man die Leute hier ernst nimmt und wenn man nicht von oben herunter durchstellt, dann sind die Leute sehr sensibel, sich auf Veränderungen einzulassen. Meine Erfahrung ist bisher immer, dass solche Veränderungen meistens auch bedeuten: Es wird etwas besser, es wird lebendiger, es wird stärker, es gibt neue Aufbrüche.«

Berlin sei, seiner Meinung nach, unter den deutschen Diözesen gerade in einer komfortablen Lage: Finanziell sei man beinahe konsolidiert. Pastoral laufe es zwar noch nicht so gut, doch dazu sagt Pfarrer Hoffmann: »Ich bin überzeugt, dass sich der Geist Gottes gerade bei uns tummelt. Der Heilige Geist macht uns Beine. Wenn wir uns nicht selbst voran bewegen, sorgt er dafür, dass wir Altgewohntes loslassen müssen.« (KM)

Pfarrer Frank Hoffmann, geb. 1969 in Oberhausen, Priesterweihe 2000, nach Kaplansstellen in Neukölln und Reinickendorf und als Diözesanpräses des BDKJ seit 2005 Pfarrer in Michendorf und Gemeindebegleiter, Diözesankurat der DPSG.

114 *Pfarrer* **Thomas Höhle**

Schnörkellos und glaubwürdig

Pfarrer **Thomas Höhle**

»Nehmen Sie da mal lieber jemand anderen, einen, der besser erzählen kann«, reagiert Pfarrer Thomas Höhle skeptisch auf die Anfrage. Der Fünfzigjährige ist Pfarrer der Herz Jesu-Pfarrei in Templin und sieht seinen Dienst nicht unter dem verkäuferischen Aspekt der Selbstdarstellung. Seit gut fünf Jahren leitet er die Pfarrei in der Stadt, die touristisch auch als »Perle der Uckermark« bekannt ist. Thomas Höhle weiß zunächst nicht, was der Besucher über seine Arbeit wissen will, ist es doch der alltägliche Dienst in einer ausgedehnten Gemeinde in der Zerstreuung des Landes Brandenburg, abseits der Sondersituation im Speckgürtel um Berlin. Aus der Sicht des Großstadtchristen sind die Entfernungen groß, für Thomas Höhle ist das »aber gar nicht mal so weit«. Jeweils 20 Kilometer hat er zu den anderen Gottesdienstorten zurückzulegen. In Templin, Lychen, Zehdenick und Mildenberg versammeln sich sonntags rund 110 Katholiken zur Heiligen Messe. »Ich sag die Zahlen so, wie sie sind«, sagt der Pfarrer, »es sind eher ein paar mehr«. Schaumschlägerei ist nicht sein Stil. Das hat er in seiner Gemeinde aber auch nicht nötig, denn trotz weiter Wege übers Land liegt der Gottesdienstbesuch prozentual auf dem Niveau vieler Berliner Pfarreien. Knapp 1.200 Gläubige gehören zu Herz Jesu, einige italienische Monteure an der Baustelle der großen Gasleitung sind darunter, Zuzüge aus dem benachbarten Polen dagegen kaum. Auch der aller Klassenstufen werden vom Pfarrer und von Gemeindereferent Reiner Vedder unterrichtet. In den Gemeinderäumen in Templin und Zehdenick wird Religionsunterricht erteilt. Teilweise werden die Kinder mit dem Auto abgeholt und müssen nach dem Unterricht wieder heimgebracht werden.

Katholik zu sein, war hier auch vor vierzig Jahren nicht selbstverständlich

Die weiten Wege sind für den 1988 Geweihten keine Hürde. Thomas Höhle wurde selbst in der brandenburgischen Diaspora geboren und wuchs in Kyritz auf, in der Prignitz nordwestlich von Berlin. Katholik zu sein, war hier auch vor vierzig Jahren nicht selbstverständlich, erst recht nicht der Weg ins Priesterseminar. Für Thomas Höhle ist sein Werdegang dennoch ganz folgerichtig. »Eigentlich war das so der klassische Weg. Wir haben oft ministriert und waren dadurch einfach viel in der Kirche.« Pfarrer Maximilian Loboda nahm die Höhle-Brüder auch auf die Außenstationen der ausgedehnten Pfarrei mit. »Das war dann ein halbes Tagesprogramm, und wir haben an den Sonntagen manchmal bei den Leuten aus der Gemeinde Mittag gegessen.« Beeindruckt hat ihn der Kyritzer Küster Labetzki. »Das war so ein richtig frommer Mann. Dem hat man angemerkt, wie wichtig ihm das war, was er da für die Kirche tut. Der hat das als seine Berufung gelebt.« Nach der 10. Klasse

»Der religiöse Grundwasserspiegel sinkt hier, wie überall.«

wenn die Teilnehmerzahlen seiner Gottesdienste den Vergleich nicht zu scheuen brauchen, sieht Pfarrer Höhle mit Sorge auf die Perspektive seiner Gemeinde. »Der religiöse Grundwasserspiegel sinkt hier, wie überall. Der Gottesdienstbesuch geht zurück.« Hinzu kommen demographische Probleme. Die Gegend ist strukturschwach und bietet vielen jungen Leuten keine ausreichenden Zukunftschancen. Jugendliche verlassen die Gegend meistens mit dem Abitur, junge Familien und Kinder sind rar. Etwas mehr als 30 Kin- geht Höhle nach Teltow ins Internat. In einem Großbetrieb wird er Facharbeiter für BMSR-Technik mit Abitur, so lautet die sperrige Bezeichnung für den Bildungsgang, der die Hochschulreife mit Regelungstechnik verbindet. »Die haben dort eine ganz gute Ausbildung geleistet«, lobt er. »Und politisch haben die mich eigentlich in Ruhe gelassen«, was in der ideologisch durchorganisierten DDR nicht selbstverständlich war. Mit dem Abitur geht Thomas Höhle nach dem Grundwehrdienst zum Sprachenkurs nach

Schöneiche, lernt unter Rektor Klaus Vopravil Griechisch und Latein. Es folgen Studienjahre in Erfurt und das Pastoralseminar in Neuzelle.

Zwölf Jahre »Sibirien-Missionar«

Kurz vor dem Ende der DDR wird Höhle Priester, im letzten Kurs, den Kardinal Meisner vor seinem Weggang nach Köln weiht. Ein Jahr später feiert auch sein jüngerer Bruder Michael Primiz in Kyritz. Wenige Wochen vor der Konsekration des neuen Bischofs Georg Sterzinsky legt Weihbischof Wolfgang Weider ihm die Hände auf. Die weiteren Wege der beiden Priesterbrüder unterscheiden sich. Während sein Bruder in der Hauptstadt wirkt und sich der Wissenschaft und der Diözesangeschichte widmet, verlässt Thomas Höhle nach Kaplansjahren im Ostteil Berlins für längere Zeit das Erzbistum. Im Frühjahr 1993 geht er nach Sibirien. Eine spezielle Beziehung zu Russland oder eine Neigung zur russischen Sprache hat er nicht. »Der eigentliche Grund ist, dass der Kardinal gefragt hat, ob jemand dort hingehen würde«, erzählt er. Bischof Joseph Werth, seinerzeit Apostolischer Administrator für ganz Sibirien, benötigte nach mehr als 70 Jahren brutalem Atheismus dringend Seelsorger aus dem Ausland. »Kardinal Sterzinsky hat damals sehr dafür geworben und uns immer stark unterstützt. Einmal hat er uns dort sogar besucht«, berichtet der »Sibirien-Missionar«, der sich ebenso wie Mitbruder und Weihekurskollege Bernhard Scholtz zur Verfügung stellt. Vom Städtchen Talmenka in der Region Altai aus betreut er die Katholiken der Umgebung. Sechs Gemeinden besucht er mindestens jede zweite Woche, manche Station, die bis zu 250 Kilometer entfernt ist, kann er nur ein bis zwei Mal im Jahr aufsuchen. Die weiten Wege sind nicht das größte Problem für die Seelsorge in der weiten Landschaft. Viel Not und Elend ist nach 70 Jahren sozialistischer Misswirtschaft und geistiger Deformation zu beklagen. Der politischen Öffnung ist für viele Menschen der soziale Absturz gefolgt. Arbeits- und Perspektivlosigkeit, Alkoholismus auch bei sehr jungen Menschen und Verwahrlosung fordern den Priester. Doch die Menschen wachsen ihm ans Herz, das spürt man bis heute, wenn er von den letzten Nachrichten aus seiner früheren Gemeinde erzählt. Nach zwölf Jahren Seelsorge in Sibirien fällt Thomas Höhle der Abschied von dort nicht leicht. »Geholfen hat mir das Wissen darum, dass die Gemeinde dort von meinem Nachfolger gut betreut wird.«

Große Dankbarkeit ganz ohne Pathos

Seine jetzige Gemeinde in der Uckermark hat es ihm aber auch leicht gemacht, bekennt er. Die Herzlichkeit der Leute in seiner Gemeinde sei mit der in Sibirien durchaus vergleichbar. »Man kann sich hier wohlfühlen«, sagt der Pfarrer und denkt dabei nicht an bequemes Versorgtwerden als »Pfarrherr«. Strukturell haben ihm seine Vorgänger wohlgeordnete Verhältnisse hinterlassen, die Kirchen und Gebäude in Templin und Lychen, in Zehdenick und Mildenberg sind »in Schuss«, sodass nur kleinere Projekte zu stemmen sind. Kürzlich wurde der Turmhelm in Templin erneuert, wobei Höhle dankbar die Unter-

> **»Der eigentliche Grund ist, dass der Kardinal gefragt hat,**
> **ob jemand dort hingehen würde.«**

stützung der Gemeinde wie der Bauabteilung im Ordinariat vermerkt. Nur das Kirchendach in Templin muss nun noch neu gedeckt werden. Dankbar ist Thomas Höhle auch und vor allem für das gute Miteinander in der Pfarrei. »Das kann man auch ganz anders treffen«, sagt er mit Blick auf Reiner und Michaela Vedder, die ihm als Gemeindereferent und Pfarrsekretärin zur Seite stehen. Besonders schätzt er Reiner Vedders musikalische Potenzen, die allen Altersgruppen und auch den ökumenischen Kontakten im Pfarrgebiet zugute kommen. Und dann ist da noch Peter Beier. Viele Jahre war er Pfarrer in Bernau und Dekan, nun verbringt er seinen Ruhestand in Templin mit aktiver Seelsorge. In persönlicher Bescheidenheit und nach Kräften immer verfügbar, ist er eine entscheidende Stütze für Pfarrer Thomas Höhle, der Beiers mitbrüderliche Hilfe lobt, wie es die Art beider Priester ist: ohne Pathos, mit schlichten Worten, schnörkellos und glaubwürdig. Gemeinsam gestalten die beiden Pfarrer mit Ehepaar Vedder und den Engagierten in der Gemeinde das geistliche Leben, mit Gottesdiensten und monatlichen Gemeindeabenden, Firmvorbereitung für sieben Jugendliche, Religiöser Kinderwoche und Chorarbeit. Die jährlichen Dekanatstage im alten Zisterzienserkloster Cho-

rin sind fester Bestandteil des Gemeindekalenders. An Höhepunkten mangelt es nicht. Im April 2010 führte eine Wallfahrt fast 40 Gläubige nach Fatima, als Teil der geistlichen Vorbereitungen auf das 75-jährige Kirchweihjubiläum in Templin. Über den Festgottesdienst wenige Monate später mit Weihbischof Wolfgang Weider resümiert der Pfarrer: »Unser Jubiläum ist gut gelaufen, es war ein schönes Fest.« Höhle hatte zu diesem Anlass auch die früheren Seelsorger zur Begegnung mit der ganzen Gemeinde eingeladen, unter die sich auch einige Uckermarktouristen gesellten. Auf sanften Tourismus in der reizvollen Hügel- und Seenlandschaft setzt der Kreis Uckermark seine wirtschaftliche Hoffnung und lockt Besucher mit dem Hinweis, die traditionsbewussten Uckermärker kennenzulernen, lohne einen Besuch. Pfarrer Thomas Höhle hat in den letzten fünf Jahren erfahren dürfen, dass dies mehr als ein Werbeslogan ist. (mar)

Pfarrer Thomas Höhle, geb. 1959 in Kyritz, Priesterweihe 1988, Kaplan in Herz Jesu Berlin-Mitte und Berlin-Weißensee, Seelsorger in Sibirien, seit 2005 Pfarrer von Herz Jesu in Templin.

Der Herrgott hat uns hergefügt

Sr. M. **Agnes Mareczek** *& Sr. M.* **Luzia Thonak**

»Hallo Schwester. War toll, die Tanzgruppe. Morgen kommen wir auf jeden Fall wieder!« – so schallt es Sr. Agnes und Sr. Luzia von Jugendlichen, Kindern, Eltern oder Senioren immer wieder entgegen, wenn sie zum Mittagsgebet über das Gelände der Begegnungs- und Familienferienstätte St. Otto in Zinnowitz gehen. Der »Zweischwestern-Konvent« der Franziskanerinnen von Vöcklabruck auf der Insel Usedom ist noch ganz jung – erst Ende 2005 haben die beiden Schwestern ihre Arbeit dort aufgenommen. Ordensschwestern gab es im Ottoheim allerdings von Beginn an – die Marienschwestern haben über viele Jahre hinweg, bis 2004, das Bild der Begegnungsstätte und damit auch unzählige Kindheitserinnerungen geprägt. Nun sind es Sr. Agnes und Sr. Luzia, die ihre ganz persönliche Note in die Ferienstätte einbringen – auf vielfältige und vor allem fröhliche Weise.

— *Sr. Agnes, Sie sind 1944 in der Nähe von Posen geboren, wuchsen in Sachsen-Anhalt auf, sind auf dem Weg zur Ausbildung als Krankenschwester schon im zarten Alter von 16 Jahren in den Orden der Franziskanerinnen von Vöcklabruck eingetreten. Kann man so früh im Leben eine solch weitreichende Entscheidung treffen?*

Sr. Agnes: Ja, ich konnte. In meinen ersten Exerzitien habe ich schon deutlich gespürt, dass mich »Etwas« zu einem geistlichen Leben hinzieht. Geistliches Leben ja, aber in einem Orden? Nein, das wollte ich zuerst keinesfalls – ich wollte heiraten und Kinder haben. Auf jeden Fall wollte ich mein Leben mit Gott leben, hörend, was Gott von mir wollte. Etwa ein Jahr später bei den fünf Minuten stillem Hören, die ich mir täglich für Gott nahm, spürte ich dann ein so starkes Angerührtsein und die Gewissheit, Gott will, dass ich in einer Ordensgemeinschaft lebe. Ich habe dann nicht mehr lange gefackelt und mich trotz vieler Bedenken aus dem Familien- und Bekanntenkreis zum Eintritt angemeldet. Als ich die erste Profess, Bindung für 3 Jahre, ablegte, war ich 18 und bei dem ewigen Gelübde 21 Jahre alt. In meinem Lebensweg war dies stimmig.

— *Sr. Luzia, mit 53 feiern Sie in diesem Jahr ihr 25-jähriges Ordensjubiläum. Für Ihr Leben hatten Sie eigentlich ganz andere Pläne. Auf welchen Um-Wegen sind Sie zu den Franziskanerinnen gekommen?*

Sr. Luzia: Meine Familie ist sehr christlich, wir Kinder wurden streng religiös erzogen. Der enge Kontakt zu unserer Gemeinde St. Nikolaus in Blankenfelde und den dort ansässigen Elisabethschwestern waren schon die erste Annäherung an die Berufung, aber noch ganz unbewusst. Ich stamme aus einer sehr großen Familie und habe immer gesagt: Wenn ich älter bin, dann gehe ich Geld verdienen, früh aus dem Haus und such mir sofort einen Job. Das habe ich dann nach der 8. Klasse auch getan und sieben Jahre lang für Spielzeug-TT-Eisenbahnen Zubehör gebaut und gelötet. Während dieser Zeit hatte ich aber auch immer wieder mit den Jugendlichen in der Gemeinde und in Alt-Buchhorst zu tun und stets das Gefühl, auf der Suche zu sein – irgendetwas zog mich. Ich habe zuerst die Schwestern um Rat gefragt. Sie luden mich ein, zu ihnen zu kommen, aber es war noch zu früh, ich wollte es nicht wahrhaben – habe den Gedanken immer wieder weggestoßen. Der Samen aber ging langsam auf und die Berufung nahm ihren Lauf. Ich habe dann in Alt-Buchhorst in der Küche gearbeitet und nebenbei in Berlin eine Ausbildung zur Köchin absolviert. In dieser Zeit habe ich dann immer stärker am Leben der Franziskanerinnen teilgenommen, und die Berufung ist gewachsen. Mit 25 habe ich mich entschlossen, in den Orden einzutreten. Mein Weg führte mich dann vom Jugendhaus in den Bischofshaushalt von Kardinal Meisner und von dort aus in das Noviziat und in die Küche von Sr. Agnes nach Brandenburg.

Offene Ohren in Brandenburg – zwischen Küche, Pflege und Seniorenarbeit

— *Sie waren beide bis 2005 in Brandenburg tätig. Kinder- und Jugendarbeit stand dort nicht im Fokus. Was haben Sie an der Havel gemacht?*

Sr. Agnes: Ich war 18 Jahre lang Küchenleiterin im St. Marienkrankenhaus. Danach habe ich mich während eines halben Sabbath-Jahres neu orientiert und die Arbeit mit Senioren für mich entdeckt. So war ich dann die nächsten 14 Jahre in der Gemeinde angestellt für Senioren- und Krankenseelsorge. Die Aufgaben waren vielfältig und zu tun gab es genug: Hausbesuche, Unterstützung bei Behördengängen und Arztbesuchen, vielfältige Hilfe im Haushalt, Krankenbesuche – oft auch Begegnung mit schweren Schicksalen, Krankenkommunionen. Was mir bei allen Aufgaben immer ganz wichtig war: Zeit für Gespräche, ein offenes Ohr für jeden zu haben. Außerdem habe ich meine Liebe zum Tanz in meiner Auszeit wieder neu entdeckt und eine Seniorentanzgruppe ins Leben gerufen, die heute noch existiert. Der Tanz und die fröhlichen Seniorenveranstaltungen in der Gemeinde waren für mich ein guter Ausgleich zu der sonst sehr ernsten Arbeit.

Sr. Luzia: Nachdem der Orden sich aus der Küchenarbeit zurückgezogen hatte, musste auch ich mich umorientieren. Altenpflege war auf den ersten Blick eigentlich nicht so meins. Aber ich habe mich dann doch darauf eingelassen und einen Lehrgang zur Hauskrankenpflegerin gemacht. Trotz meiner anfänglichen Skepsis muss ich sagen, dass daraus eine Leidenschaft geworden ist, die mich die nächsten 14 Jahre

nicht immer unmittelbar mit unserer Arbeit zu tun hatten. So entstand mit der Zeit auch die Idee, das Kloster zu öffnen für Menschen, die auf der Suche sind. Die Türen des Klosters aufzumachen, nach draußen zu gehen, die Suchenden abzuholen – eine Art Nachbarschaftsprojekt umzusetzen.

Sr. Agnes: Diese Idee eines »sozialen Brennpunktprojekts« in Brandenburg war für uns beide eine »Berufung in der Berufung«. Wir konnten es zwar leider vor Ort nicht realisieren, aber das war für uns der Anstoß, weiter zu schauen und evtl. auch außerhalb von Brandenburg in einer anderen Form als bisher tätig zu sein. Und in diese Zeit fiel das Angebot aus Zinnowitz.

Neuer Ort, neue Aufgaben – zwischen Kindergeschichten, Tanzschritten und Gebet

— *Sie haben sich 2005 entschieden, Großstadtlärm gegen Möwenkreischen und Autohupen gegen Kinderlachen zu tauschen. Der Neubeginn in Zinnowitz bedeutete nicht nur einen Ortswechsel für Sie, sondern auch eine inhaltliche Neuausrichtung. Was hat Sie gereizt?*

Sr. Agnes: Mein erster Gedanke war: »Wer braucht mich bitte in einer Ferienstätte? Was gibt es da für

»Berufung in der Berufung«

in der Altenpflege bei der Caritas gehalten hat. Das schönste für mich war dabei immer der Kontakt zu den Menschen – nicht nur zu den Pflegebedürftigen, sondern auch zu den Mitarbeiterinnen und Mitarbeitern. Da war ich als Ordensschwester oft Ansprechpartnerin für alle kleineren und größeren Nöte, die

Sorgen und Nöte?« Diese Frage stellte ich auch dem Rektor von St. Otto, Pfarrer Sommer. Seine Antwort war ganz einfach: »Wissen Sie, die Leute, die Sie im Krankenhaus besucht haben, sind dieselben, die nachher hierher zur Erholung nach Zinnowitz kommen. Und die suchen auch das Gespräch und benötigen geistliche Begleitung.« Und dann haben wir uns das vor Ort angeschaut und jede für sich hat sich ganz persönlich für Zinnowitz entschieden.

Sr. Luzia: Rückblickend können wir sagen, dass uns der Herrgott »hierher gefügt hat« und wir sehr dankbar sind. Es haben sich so viele neue Aufgaben für uns ergeben. Ich war anfangs schon ein bisschen in Sorge – bisher hatte ich keine Erfahrung mit Kindern, keine pädagogische Ausbildung. Aber auch hier hat der Rektor uns Mut gemacht mit dem Hinweis: »Die brauchen Sie nicht wirklich. Das, was eine normale Großmutter braucht …« Na gut, haben wir gedacht, das können wir einbringen. Inzwischen muss ich sagen, dass ich nicht mehr tauschen möchte – für mich passt es hundert Prozent.

—— *An Sonntagen ziehen Sie manchmal nachmittags bei gutem Wetter einen Handwagen mit Kaffee und Kuchen durch den Wald zum Strand. Im Ottoheim sieht man Sie* Nonnen sein können. Es ist ja auch nicht so alltäglich, dass Ordensschwestern tanzen. Wir haben aber festgestellt, dass die Tanzangebote ganz außergewöhnliche Kontaktmöglichkeiten schaffen – auch zu nichtchristlichen Menschen. Gesprächsanlässe bieten auch die Kindergeschichten. Von Mai bis September lesen wir abends immer Geschichten vor, erzählen und singen mit den Kindern. Darüber kommen wir auch mit den Eltern intensiv in Kontakt. Und die sind dann sehr oft überrascht, dass wir »ganz normale Menschen« sind. Und ein Letztes noch: Mit dem Projekt »Lydia« bieten wir Frauen, die für eine bestimmte Zeit Abstand nehmen möchten vom gewohnten Arbeits- und Lebensumfeld, einen Ort und einen Rahmen zur körperlichen und seelischen Erholung. Hier können sie Stille und Einkehr finden, am geistlichen Gemeinschaftsleben teilhaben oder einfach nur zur Ruhe kommen.

»… oft wundern sich die Teilnehmer, wie lustig Nonnen sein können. Es ist ja auch nicht so alltäglich, dass Ordensschwestern tanzen.«

tanzen, Geschichten vorlesen, beten. Was machen Sie sonst noch?

Sr. Luzia: Als Sakristanin bin ich für die Gottesdienstvorbereitungen zuständig. Ob morgens oder abends, am Strand oder in der Kirche – die Gruppen melden sich bei mir an und ich sorge dann dafür, dass der Gottesdienst vorbereitet ist. Wir organisieren Gruppenaufenthalte im Ottoheim, wie z. B. Freizeiten für Eltern mit Kleinkindern, für Großeltern mit Enkeln, zu Ostern oder im Sommer die zweiwöchige Familienfreizeit, die wir jährlich zum Thema der Religiösen Kinderwoche anbieten, und auch Exerzitien. Ich halte außerdem ein Spielzeuglager für die Kinder in Schuss, und in der Gemeinde stehen wir nicht nur als seelsorgerische Ansprechpartnerinnen, sondern auch ganz praktisch – beispielsweise als Kraftfahrerinnen – zur Verfügung.

Sr. Agnes: Meine Leidenschaft ist der Tanz. Also bieten wir gemeinsam regelmäßig für Jung und Alt fröhlichen und meditativen Tanz an für die Gäste des Ottoheimes, aber auch für die Leute aus unserer Pfarrgemeinde, aus Evangelischen Gemeinden, aus dem Ort und der Umgebung. Da muss Sr. Luzia mit ran – oft wundern sich die Teilnehmer, wie lustig

—— *Das Ottoheim hat schon eine lange Tradition im Bistum. Als »Kinderkurheim« bot es z. B. Christen in der DDR die Möglichkeit, ihre Kinder zu mehrwöchigen Ferienaufenthalten an die See zu schicken. Heute kommen die Kinder von damals als Erwachsen wieder und haben ganz unterschiedliche Erinnerungen an die Zeit. Wie geht es Ihnen selbst und was hören Sie?*

Sr. Luzia: Wir begegnen immer wieder Gästen, die mit glänzenden Augen erzählen, dass sie schon als Kinder hier waren und was das für eine tolle Zeit war. Manchmal hört man auch das Gegenteil. Ich selbst war mit fünf Jahren hier – vier Wochen verschickt mit meinem Bruder – und habe sehr ungute Erfahrungen gemacht – ich wollte nie wieder her. Ich war einfach zu klein und vier Wochen waren so lang. Schlechte Karten hatten immer solche Kinder, die keine guten Esser waren oder aus irgendwelchen Gründen Heimweh hatten. Ich habe erst wieder eine Verbindung zu dem Ort aufgebaut, als meine Schwester hier ihre Ausbildung zur Kindergärtnerin gemacht hat. Und das ist z. B. ein Aspekt, den man fast einhellig immer wieder hört: Die Mädchen, die damals hier lernten, haben sehr viel mitgenommen für ihre Zukunft. Die Ausbildung war sehr fundiert, viele zehren noch heute davon.

Meist staunen die Gäste, wie sich das Ottoheim im Laufe der Zeit verändert und entwickelt hat, und sie sind dankbar, dass sie inzwischen auch als Familien herkommen können.

»Am wichtigsten für uns Schwestern ist unsere Art der geistlichen Präsenz im Ottoheim.«

—— *Die Ostsee ist die Badewanne der Berliner. Seit einigen Jahren lockt sie Gäste aus ganz Deutschland an. Trifft man im Ottoheim Urlauber vom Bodensee?*

Sr. Agnes: Die Gäste kommen mittlerweile aus ganz Deutschland. Es ist eine sehr angenehme Ergänzung, dass es nicht nur Berliner und Brandenburger herzieht. Die Mischung macht's und bringt interessante Abwechslung ins Haus – das spürt man besonders in den lebendigen Gottesdiensten. Es kommen übrigens auch Familien und Gruppen hierher, die mit Kirche noch nie in Berührung gekommen sind. Gemeinsam mit allen Mitarbeiterinnen und Mitarbeitern von St. Otto wollen wir diese Stätte prägen, damit sie nicht nur ein Ort der Begegnung der Menschen untereinander ist, sondern auch ein Ort der Begegnung mit Gott sein kann. Am wichtigsten für uns Schwestern ist unsere Art der geistlichen Präsenz im Ottoheim. So sind wir, bei allem, was wir hier tun, betend für dieses Haus da – für die Menschen, die zu uns kommen, und für alle, die einmal hier waren. (ri)

———

Sr. M. Agnes Mareczek, geb. 1944 in der Nähe von Posen, Küchenleitung, Senioren- und Krankenseelsorge in Brandenburg an der Havel.
Sr. M. Luzia Thonak, geb. 1957 in Blankenfelde (Kreis Zossen), ausgebildete Köchin, Küchenarbeit und Altenpflege in Brandenburg an der Havel.
Beide seit 2005 Familienseelsorge in der Begegnungs- und Familienferienstätte St. Otto in Zinnowitz (Usedom).

Nicht stehen bleiben

Dr. Ulrich Kmiecik · *Pastoralreferent*

St. Hedwig ist das älteste katholische Krankenhaus in Berlin, seit 1846 steht es in der Großen Hamburger Straße, »der katholische Glaube steckt noch in den Mauern«, noch immer beten und arbeiten dort zehn Schwestern. Es ist aber auch eines der modernsten katholischen Krankenhäuser in Berlin. Pastoralreferent Dr. Ulrich Kmiecik arbeitet als Seelsorger in der psychiatrischen Universitätsklinik der Charité, im St. Hedwig-Krankenhaus, das Ende der 1990er Jahre die Alexianer als Geschäftsführung übernommen haben, eine in Deutschland einzigartige Kombination: »Der Wissenstransfer, der dadurch geschieht, ist enorm und fördert die gute Zusammenarbeit in den Abteilungen«, begeistert sich Kmiecik für seinen Arbeitsplatz. Mit seiner Kollegin, einer evangelischen Pfarrerin, und den Ärzten, Therapeuten und Pflegenden arbeite er richtig zusammen, als Teil des Teams. Er bietet verschiedene Gruppen und Gesprächskreise an, aber auch Andachten, die Arbeit mit Bibel und Popmusik gehören auch dazu. »Wir versorgen den sozialen Brennpunkt Moabit/Wedding. Die Begegnung mit Menschen, die auf der Suche sind, die finde ich hier. Arbeitsintensiv und toll« , fasst er seine Arbeit zusammen. »Gott ist in meiner Arbeit, er ist da. Man muss ihn nicht einladen, er ist schon hier. Sich das immer wieder klarzumachen, das gehört dazu. Gott ist eben auch da, wo keiner versammelt ist«, so Kmiecik.

Begeisterter Vermittler religiösen Wissens

»Wenn Jesus leben würde, dann in Kreuzberg«, erinnert sich Kmiecik an einen Spiegel-Titel aus dem Jahr 1983, als er selbst nach Berlin zog und in Neukölln und Kreuzberg als Religionslehrer anfing. 1985 heiratete er eine Architektin und wurde Pfarrgemeinderatsvorsitzender der Gemeinde St. Marien-Liebfrauen in Kreuzberg. Gemeinsam wurde das Projekt »Kirche und Kiez« gegründet. 1988 ging er als Pastoralassistent nach Reinickendorf und erlebte dort auch den Fall der Mauer und die vielen Umbrüche im Zusammenwachsen von Ost und West. Er lebt hier mit den zwei fast erwachsenen Kindern und seiner Frau noch immer.

Ulrich Kmiecik war der erste Nicht-Kleriker, der Dekanatsjugendseelsorger wurde, auch heute hört er die Frage, ob er denn Pfarrer sei, noch häufiger.

Mit 40 stieg er aus der Jugendarbeit aus und wechselte in die Krankenhausseelsorge. Im Krankenhaus Moabit begann er mit der Ausbildung und Begleitung von Ehrenamtlichen. Seit 2002 ist er Seelsorger im St. Hedwig-Krankenhaus im Bereich Psychiatrie mit einer halben Stelle. Zudem verantwortet er das von Ehrenamtlichen getragene »Café Oase« mit, das er mit Kollegen schon während der Zeit in Moabit aufgebaut hatte. Die andere Hälfte seiner Arbeit ist weiterhin die Bildungsarbeit, bei der der Pastoralreferent Ehrenamtliche in der Seelsorge ausbildet und begleitet. Seit 2007 ist er außerdem Diözesanleiter des katholischen Bibelwerks in Berlin. Bewegung und Nicht-Stehen-Bleiben gehören zu seinem Leben bis heute. Ulrich Kmiecik ist niemals stehen geblieben in seinem Leben, er hat viele Weiterbildungen besucht, 1997 zu einem Thema im Markusevangelium promoviert und gibt seit 1998 Kurse und Seminare an der Freien Universität Berlin am Seminar für Katholische Theologie sowie seit 2006 auch an der Katholischen Hochschule für Sozialwesen. Durch eine weitere Zusatzqualifikation ist Bibliodrama ein Steckenpferd von ihm geworden. »Das eine ist das Wissen um die Bibel, das andere ist die Aneignung dessen«, sagt Ulrich Kmiecik. »Die Bibelinhalte kann man eben nicht nur im Kopf, sondern auch mit seinem Herz und dem Körper erleben. Kurz und bündig kann man so Bibelwissen rüberbringen«, erläutert er, und man spürt seine Begeisterung für die Vermittlung von religiösem Wissen und Werten. Tradition, so sagt er, ist eben der Schatz der Überlieferung und muss verbindlich gehalten werden. Fortschritt sei ein anderer Pol. Dass Tradition neu erlebbar wird, bedeutet Fortschritt für ihn. Doch jeden Fortschritt müsse man auch nicht mitmachen, erläutert er lächelnd. »Spirituelle Wenden gibt es häufig im Leben, nichts ist schlimmer, als wenn man stehen bleibt«, sagt Kmiecik und man kann verstehen, was der Mitfünfziger da erläutert. Alle großen Themen, die er im Krankenhaus erlebt, findet er in der Bibel wieder. »Es geht um Rettung, Untergang, Heilung, Erkrankung, Ferne, Nähe. Es ist gut, mit anderen Menschen einen Weg zu suchen, damit umzugehen.« Die Bibelstellen, die ihn immer wieder reizen, sind die des Menschensohns bei Markus, sein Dissertationsthema.

Auch nach vielen Jahren ist der Arbeitsort Krankenhaus immer noch spannend. Als Pastoralreferent im Erzbistum Berlin kann er sich auf einen »guten Draht zu Eminenz« verlassen. Im Berufsverband der

»Spirituelle Wenden gibt es häufig im Leben, nichts ist schlimmer, als wenn man stehen bleibt.«

Dass die Hoheit und die Niedrigkeit, beides in unserem Glauben zum Erlösungsweg gehören, das ist ein Spannungsfeld, das ihn immer wieder fordert.

Guter Draht nach oben

Aufgewachsen ist Ulrich Kmiecik in einem katholischen Elternhaus mit vier Geschwistern in Essen. Zu Hause wurde nicht über Glauben diskutiert oder weiter erläutert, erzählt er, es war »eben schon eng im Glauben«. Erst durch das Erleben von Kaplänen, die Jugendarbeit mit den jungen Leuten gestalteten und ihm als Jugendlichen somit Entfaltungsraum verschafften, hat sich seine eigene Meinung zum Glauben herausgebildet. »Wir hatten jeden Dienstag um 19 Uhr eine Jugendmesse, die haben wir selbst organisiert. Kirche war für mich Freiraum und Begegnungsraum mit anderen.« Einen solchen Gesprächsraum gab es zu Hause nicht, Tischgebete und biblische Geschichten kamen von der Mutter. Nach dem Abitur folgte für ihn der Schritt nach Bochum. Am Anfang hat er noch Pädagogik und Theologie studiert, aber die Theologie nahm dann immer mehr Raum ein. »Ich musste die alten Sprachen an der Uni nachmachen, das war hart. Ich habe viel investiert, und es hat Spaß gemacht.« Sein Studium beendete er nach 1982 und war zwischendurch zwei Auslandssemester in Paris. Die Frage nach dem Priesteramt hat er sich damals auch gestellt; Kapläne, so sagt Kmiecik, hat er ja als positive Gestalten erlebt. Doch da er immer gebunden war und in Beziehungen gelebt hat, wäre dieser Weg nicht der richtige für ihn gewesen. Seinen Glauben einzubringen und ihn weiterzugeben, hat er aber durch viele geistliche Begleiter gelernt und lebt das auch in seiner Familie. Frau und Kinder sind ebenfalls sozial und kirchlich engagiert – als Angehörige der Gruppe »Fisherman's Friends« des Verbandes KMF »Gemeinschaft katholische Männer und Frauen« erlebt man dort Glauben gemeinsam. Die Zusammengehörigkeit zu dieser Gruppe hat sich über lange Zeit entwickelt.

Pastoralreferenten ist der Kardinal regelmäßiger Gast. »In gemeinsamen Diskussionsrunden hat sich eine gute Zusammenarbeit und eine gute Positionierung für unseren Berufsstand entwickelt«, so Kmiecik. »Man kann alles ansprechen und es gibt keine Angst vor Tabuthemen in der gemeinsamen Arbeit. Das ist eine wichtige Grundlage für mich und meine Kolleginnen und Kollegen.« (AKM)

Ulrich Kmiecik, geb. 1957 in Bochum. Seit 1982 in Berlin, zunächst als Religionslehrer, jetzt als Pastoralreferent in der Krankenhausseelsorge.

Denn zur Freiheit sind wir berufen

Pfarrer **Rainer Lau**

»Was mich ärgert, ist, dass der Herbst 1989 immer als ›Wendezeit‹ beschrieben wird. Das war eine richtige Revolution! Die Wende kam erst Anfang 1990.« Damals war er als Jugendseelsorger mittendrin statt nur dabei, deswegen nimmt diese Zeit in seiner Erinnerung auch einen besonderen Stellenwert ein; sie hat ihn geprägt, er möchte sie nicht in Vergessenheit geraten lassen. »Für mich sind Politik und Religion nicht trennbar. Wenn ich mich engagiere, dann tue ich das aus meiner Überzeugung heraus. Denn zur Freiheit sind wir berufen. Das muss sich auch gesellschaftlich ausdrücken, dafür muss ich mich als Christ auch einsetzen. Ich bin Christ für die anderen und nicht zu meinem eigenen Heil. Mich einzusetzen, dass das Leben gerechter für alle wird, dafür bin ich berufen!« Als Jugendseelsorger saß er in unterschiedlichen Gremien und am Runden Tisch der Jugend, er war dabei als das Zentralratsgebäude der FDJ besetzt wurde. »Es musste verhindert werden, dass die Funktionäre das Inventar versilberten.« Als Vorstand des demokratischen Jugendbundes, der aus dem »Runden Tisch der Jugend« entstanden war, hatte er dort dann selbst ein Büro. Mit Unterstützung des Jugendseelsorgeamtes Berlin-West bot er für »seine« Jugendlichen Schulungen an, um Interessenvertretung zu erlernen und demokratische Prozesse kennenzulernen und zu verstehen.

Wir waren dabei!

Vor dem Fall der Mauer organisierte er gemeinsam mit anderen Abteilungen des Bischöflichen Ordinariates (Ost) ab dem 7. Oktober 1989 Friedensgebete und Demonstrationen. Doch das Domkapitel verweigerte, ein solches Friedensgebet in St. Hedwig abzuhalten. So wurde am 9. Oktober im Ordinariat der Aufstand geprobt, und der damals noch neue Bischof Sterzinsky stellte sich auf die Seite der Mitarbeiter – er unterstützte das Anliegen, Friedensgebete und friedliche Demonstrationen in der St. Hedwigs-Kathedrale zu organisieren. Bis dahin hatten sich die Bischöfe der DDR aus politischer Vorsicht rausgehalten. Am 16. Oktober gab es dann in der St. Hedwigs-Kathedrale das erste Friedensgebet mit anschließender Demonstration. Der Zug traf sich mit dem von der evangelischen Gethsemanekirche ausgehenden Protestmarsch auf dem Alexanderplatz. »Wir waren dabei! Ich erinnere mich an eine ältere Mitarbeiterin, die nur Diktaturen kannte. Sie sagte: ›Friedensgebet ja,

Demonstration nein!‹ – das war eine existenzielle Angst bei ihr. Diese Frau musste mit dem Bus fahren, und so ging sie mit dem Protestzug zur Bushaltestelle. Dann sagte ich: ›Kommen Sie doch noch mit bis zur nächsten‹ – und so ist sie zusammen mit uns zum Alexanderplatz gelaufen. Diese Angst kannten viele Menschen, die noch nie in ihrem Leben eine freiheitliche Gesellschaft erlebt hatten, sondern nur Diktatur; eine Angst, die viel Überwindung kostete.«

Schritt nach »drüben« gewagt

Rainer Lau wurde 1951 in Berlin-Rosenthal geboren. Seit seiner Kindheit war er in der Gemeinde Maria Magdalena in Berlin-Niederschönhausen beheimatet. In der Familie gehörten Tischgebet und Messbesuch am Sonntag selbstverständlich dazu. Die Ökumene seiner Jugendtage war eine sehr gute, allein schon um dem politischen Druck standzuhalten. Bereits in der Schule solidarisierten sich z.B. die Christen, die nicht zur Jugendweihe gingen. Als Jugendlicher spielte Lau schon einmal kurz mit dem Gedanken, auf kirchlichem Wege Abitur zu machen, um dann Priester zu werden. Seine Eltern konnten ihn jedoch davon abbringen, und so war das Thema auf der Erweiterten Oberschule vom Tisch. Während seines Ingenieurstudiums in Dresden kam ihm erneut der Gedanke, Priester zu werden, doch bis 1977 arbeitete er als Bauleiter im Wohnungsbaukombinat Berlin, um dann auf Theologie »umzusteigen«.

Rainer Lau weiß nicht, ob er als junger Mensch unter den heutigen Bedingungen diesen Weg noch einmal gehen würde. »Mein Leben ist aber ein sehr erfülltes Leben. Die Entscheidung ist bei mir irgendwie langsam gewachsen – und dann war die Entscheidung da. Und ich bereue nicht, dass ich ›vom Baugerüst heruntergeklettert‹ bin – wie es mein Primizprediger Eberhard Prause ausgedrückt hat –, um mit beiden Beinen auf der Erde mit den Menschen, die mir anvertraut wurden, Leben zu gestalten.« Seine Eltern hatten auf seine Entscheidung für den Priesterweg erst einmal sehr ablehnend reagiert, doch während des Studiums in Erfurt schlug diese emotionale Gegenhaltung um. Auch viele wohlwollende Reaktionen erlebte er, mitunter durchaus überraschende. Sein überzeugt kommunistischer Vorgesetzter beispielsweise zeigte Verständnis für diesen Weg. Lange hat er noch viele Freunde außerhalb der Kirche gehabt, die ihm als Korrektiv dienten. Als Pfarrer ist es mittlerweile schwer, diese Freundschaften ausreichend zu pflegen. So sind sie im Laufe der Jahre mehr und mehr zurückgegangen. »Das ist schade, denn oft wird man als Geistlicher in Watte gepackt.« Das habe schon bei den Praktika im Studium begonnen, weswegen er sich auch gern außerhalb der kirchlichen Institutionen erprobte. »Der kirchliche Klüngel ist für ehrliche Kritik nicht immer eine gute Beheimatung. Doch die Gemeinde, die tritt mir schon auf die Füße und sagt mir, was sie stört.« Zum Dienstantritt in Lichtenrade bspw. haben einige Gemeindeglieder ihm ganz direkt gesagt, dass er nicht hierher passe, da er berlinere und keine »schönen« Predigten halte. »Ich kann eben nicht jeder Vorstellung entsprechen und lasse mich nicht verbiegen. Wem meine Nase nicht passt, steht es frei, sich eine passendere zu suchen. Niemand muss in Berlin 60 km bis zur nächsten Gemeinde fahren.« Trotzdem findet er es in seinem Amt wichtig festzustellen, was die Gemeinde will. »Ich bin zum Dienst an der Gemeinde hier. Ich gehe irgendwann mal weg und die Gemeinde bleibt. Die Gremien der Gemeinde sind für mich eine große Hilfe. Sie sollen entscheiden, was für die Gemeinschaft gut ist. Mein Auftrag ist es, das Wort Gottes zu verkünden, Sakramente zu

»Wem meine Nase nicht passt, steht es frei, sich eine passendere zu suchen.«

spenden und soweit es möglich ist, für den Zusammenhalt zu sorgen.« Er folgte dem Ruf des Bischofs nach Westberlin erst nach reiflicher Überlegung, inzwischen ist er dort angekommen. »Ich bin gut gelandet«, obwohl es im Westteil der Stadt eine deutlich andere kirchliche Sozialisation gibt. Rainer Lau musste manche Haltung über Bord werfen und hat sich zuvor mit Kollegen unterhalten, die bereits den Schritt »nach drüben« gewagt hatten. »Damals, am 25. Juni 1983, als Kardinal Meisner mir die Hände auflegte, war nicht abzusehen, dass ich mal Pfarrer in einer Gemeinde ›im Westen‹ sein könnte. Die Seelsorge im Westteil ist eine andere, der Pfarrer wird anders gefordert. Die Gläubigen gestalteten ihr Gemeindeleben hier viel selbstbewusster und unabhängiger vom Pfarrer. Zu DDR-Zeiten waren die Gemeinden im Ostteil des Bistums sehr auf die Geistlichen hin orientiert, der Pfarrer ist organischer Bestandteil vieler Gruppen und

Angebote gewesen. Sich selbstständig zu organisieren und trotzdem zur Gemeinde zugehörig zu fühlen, entspricht aber viel mehr der Idee der gelebten Kirche.«

Kirche muss sich verändern

Vor seinem Schritt »nach drüben« war Rainer Lau nämlich nicht nur Jugendseelsorger, er war Pfarrer in Potsdam-Bornstedt, »bis mir die Stelle dann unterm Hintern 1994 zugemacht worden ist«. Und dann in Hennigsdorf bis zum Jahr 2000. Doch seit seinem Wechsel von Ost nach West und aus dem Norden in den Süden von Berlin hat sich viel verändert, auch für Lichtenrade beobachtet er – wie in Hennigsdorf – das »Speckgürtelphänomen: Zuzügler füllen immer noch die sich sonst auch in Lichtenrade ausdünnenden Reihen.« Die Zahl der Erstkommunionkinder ist zwar nach wie vor stabil, aber die generelle Bevölkerungsentwicklung ist auch hier spürbar. Die Älteren fehlen gesundheitsbedingt häufiger. Innerhalb von vier Jahren sitzen heute durchschnittlich 200 Gottesdienstbesucher weniger sonntags in den Kirchenbänken. Pfarrer Lau versucht mit der Gemeinde darauf zu reagieren, z.B. mit der Einführung eines Gottesdienstpasses für Kinder und ihre Familien während der Zeit der Vorbereitung auf Erstbeichte und Erstkommunion. Die Angebote der Jugendarbeit haben starke außerkirchliche Konkurrenz.

In der Geschichte seiner Pfarrei gibt es viele neue Entwicklungen. In Lichtenrade-Nord wurde erst 1966 eine neue Gemeinde gegründet: »Zu den heiligen Martyrern von Afrika«. Doch die Familien von damals wurden älter, Zuzüge von Jüngeren gab es nicht, und so blieben vor allem ältere Menschen zurück. Bereits 28 Jahre nach der Gründung wurde wieder der Pfarrer der Salvator-Gemeinde dort zuständig, bis man 2004 fusionierte und die Kirche in Lichtenrade-Nord

> »Dort wo man an etwas krampfhaft festhält, geht es kaputt. Die Menschen verändern sich und so muss es auch die Kirche tun.«

2008 wieder geschlossen werden musste. »Bei der heutigen Finanzlage kann man sich den Luxus einer nicht benötigten Kirche eben nicht leisten.« Eine traurige Geschichte, aus der Pfarrer Lau aber eine ganz grundsätzliche Lehre zieht: »Dort wo man an etwas krampfhaft festhält, geht es kaputt. Die Menschen verändern sich und so muss es auch die Kirche tun.« (KM)

Pfarrer Rainer Lau, geb. 1951 in Berlin, Priesterweihe 1983, u.a. Diözesanjugendseelsorger für den Ostteil des Bistums und Pfarrer von Henningsdorf, seit 2000 Pfarrer in Salvator (Lichtenrade).

Die Türen zu unseren Kirchen öffnen

Pfarrer **Martin Kalinowski**

Leicht wirres, graues Haar, energische Falten in der hohen Stirn und ein leicht verträumter Blick über der kräftigen Nase – nein, mit den überlieferten Bildern des Missionsvikars Eduard Müller hat der Pfarrer von St. Clara äußerlich wenig Ähnlichkeit. Seit dem Herbst 2008 ist Martin Kalinowski Pfarrer und mittlerweile auch Dekan in Berlin-Neukölln. Zu seiner Pfarrei gehört die St. Eduard-Kirche, in der der »Apostel Berlins«, wie Eduard Müller auch genannt wurde, begraben ist. »Eduard Müller verpflichtet uns natürlich«, sagt Kalinowski und berichtet, dass das Andenken Müllers heute vor allem von der Kolpingfamilie in St. Eduard gepflegt wird. »Wir müssten als Gemeinde sicher noch deutlicher einen missionarischen Charakter entwickeln«, bekennt er mit Blick auf den Missionar des 19. Jahrhunderts und die heutige entchristlichte Situation. Manches werde schon getan. »Ein missionarisches Pfund ist natürlich die Kindertagesstätte«, betont er und spricht von den »Klassikern« wie dem Erntedankfest, dem Martinsumzug über die nahe Lessinghöhe und dem Nikolaustag mit den Kindern. Es gibt aber noch Reserven. Eine Tagung etwa, die im Dekanat zum Thema »Wie Paulus unterwegs in Neukölln – missionarisch Kirche sein« stattfand, muss noch ausgewertet und vor allem in konkrete Ergebnisse überführt werden. »Manches fällt mir so im Alltag vor die Füße. Warum gibt es zum Beispiel kein Schild an der Karl-Marx-Straße mit dem Hinweis auf die Kirche und den Sonntagsgottesdienst«, fragt sich der Pfarrer. Die Phantasie des Priesters ist damit längst nicht am Ende, ihm ist aber klar, dass weitere Initiativen nicht nur an der Person des Pfarrers hängen können. »Wir werden uns sicher nicht an die U-Bahnhöfe stellen und Prospekte verteilen. Aber ich würde mir schon wünschen, dass wir mehr Gelegenheiten nutzen, den Leuten die Türen zu unserer Kirche zu öffnen«, sagt er und meint damit nicht allein das Gebäude. In Neukölln kann missionarische Kirche aber nicht an den Lebensverhältnissen der Menschen vorbeigehen. Gemeinsam mit den Nachbargemeinden St. Christophorus und St. Richard tritt St. Clara als »Kirche im sozialen Brennpunkt« auf. Der Pfarrbrief mit dem Titel »Nordlicht« und den Umrissen der fünf Kirchen im Norden Neuköllns zeugt von Zusammenarbeit im pastoralen Raum, vom Bemühen, Schwellen zu senken und soziale Probleme ernst zu nehmen. Auf einen »Problemkiez« lässt Kalinowski seine Gemeinde nicht reduzieren, will aber auch nach zwei Jahren immer noch zurückhaltend mit Beurteilungen sein. »Es ist schon so, dass gerade hier am Rollberg der soziale Brennpunkt existiert. Ein großer Teil der Bevölkerung ist hier ausländischer Herkunft«, berichtet er und denkt dabei nicht nur an die vielen Muslime. »In meiner Gemeinde gibt es an die hundert Nationalitäten, angefangen bei drei- bis viertausend Polen bis hin zu zwei Französisch-Polynesiern.« Der harte Kern der Gemeinde ist verhältnismäßig klein, der Gottesdienstbesuch durch die naheliegenden Angebote der fremdsprachigen Missionen unterdurchschnittlich, erzählt Martin Kalinowski.

Er will aktiv über den Tellerrand seiner Pfarrei schauen, sowohl in Richtung der Nachbarpfarreien als auch in die Gesellschaft hinein, wo er Kontakte mit Vereinen, Initiativen und der Bezirksverwaltung pflegt. »Manchmal werde ich vielleicht auch ein bisschen als Bremser wahrgenommen, weil ich immer auch meine Pfarrei sehe, für die ich Verantwortung trage.« Er denkt dabei an die zukünftig vielleicht notwendigen weiteren Gemeindefusionen. »Die Gemeinde ist teilweise noch mit der Fusion von St. Eduard und St. Clara beschäftigt, die nicht so leicht zu verkraften ist«, betont er und berichtet von verschieden gewachsenem Gemeindeleben und unterschiedlichen Altersstrukturen in den Kiezen. Es hat wenig Sinn, wenn die Hauptamtlichen ein Tempo vorlegen, bei dem die Gemeinde nicht mitkommt – er plädiert für ein organisches Zusammenwachsen.

Kirche auch kommunal und ökumenisch einbringen

In die Arbeit in seiner Pfarrei bringt Kalinowski die Erfahrungen der Jahre ein, in denen er als Sekretär und Zeremoniar des Erzbischofs tätig war. Erfahrungen, die er mit der Öffentlichkeitsarbeit der Kirche und den Kontakten in Politik und Ökumene hinein gemacht hat, wertet er besonders positiv. »Es ist wichtig, sich als Kirche einzubringen und hier als Pfarrer und Dekan mindestens einen Erstkontakt zu suchen, zum allseits bekannten und streitbaren Bezirksbürgermeister Buschkowsky, zur Sozialstadträtin, aber auch zur neuen Superintendentin.« Als Sekretär des Kardinals hat er auch die kirchliche Verwaltung kennengelernt. »Es schadet jedenfalls nicht, zu wissen, wie das Ordinariat arbeitet«, erzählt er. Dabei ist er am Beginn der viereinhalb Jahre an der Seite Kardinal Sterzinskys nicht eben begeistert, als dieser ihn in sein Vorzimmer beruft. Damals ist er nach dem Lizentiatsstudium in Rom noch keine zwei Jahre auf seiner ersten Kaplansstelle in Potsdam. »Ich habe es sehr genossen, in dieser Stadt zu wohnen, an dem herrlichen Bassinplatz.« Der Dienst in der Propsteipfarrei St. Peter und Paul macht ihm Freude, die Arbeit mit Kindern und Ju-

freundschaftliche und familiäre Kontakte zu pflegen.« Mehr als einmal wird die Planung des freien Tages durch kurzfristige Anforderungen über den Haufen geworfen. Auf der Habenseite verbucht er die vielen Erlebnisse im Bistum und darüber hinaus. Weltkirche auf noch einmal ganz neue Weise zu erleben, genießt er. »Ein Höhepunkt war natürlich, dass ich den Kardinal zum Konklave begleiten durfte. Wer erlebt so etwas schon.« Auf den Auslandsreisen macht er die Erfahrung, mit seinen Sprachkenntnissen dem Kardinal tatsächlich von Nutzen sein zu können. Interessante Einblicke in die Arbeit der Deutschen Bischofskonferenz gehören in diesen Jahren zu seinem Leben wie auch eine sehr enge, beinahe familiäre Anbindung an den Haushalt des Kardinals. Sicher ist auch manche schwierige Angelegenheit zu bearbeiten in einer Zeit, in der die Folgen der schweren Finanzkrise des Erzbistums längst noch nicht ausgestanden sind. Über all

»… weil ich an sich ein eher schüchterner Mensch bin, wenn man mir das auch manchmal nicht glaubt.«

gendlichen kommt in Schwung und besonders die Arbeit mit der kleinen Studentengemeinde bereichert ihn. »Das war eine kleine Truppe, eine Art Elite, aber ohne elitäres Gehabe. Die haben mit dem Wohnortwechsel und dem Studienbeginn eine neue Verortung im Glauben gesucht. Die waren sehr engagiert, und es war ein sehr angenehmes Arbeiten«, schwärmt er. Mitten im Arbeitsjahr, im Februar 2004, muss der Kaplan seine Koffer packen, um als Domvikar im Zentrum der Hauptstadt zu leben und zu arbeiten. »Eigentlich hat mich der Ruf gar nicht so sehr überrascht. Wer vom Bischof zum Studium nach Rom geschickt worden ist und außerdem ein Jahr in Irland studiert hat, wer also etwas Erfahrung in der Weltkirche gesammelt und zwei Sprachen gelernt hat, muss sich nicht wundern, wenn er so eine Aufgabe übertragen bekommt.« Leicht gefallen ist ihm der sehr kurzfristige Abschied nicht, den Gehorsam dem Bischof gegenüber stellt er aber damals wie heute nicht in Frage. Die persönliche Freiheit ist in der folgenden Zeit eingeschränkt.

Mit dem Kardinal beim Konklave in Rom

»Schwierig war für mich vor allem, nicht mehr Herr über meinen Kalender zu sein. Dabei war es in dieser Zeit ohne feste Gemeindebindung umso wichtiger,

diese Dinge spricht Martin Kalinowski nicht viel. Diskretion ist eine wichtige Voraussetzung für den Dienst des Domvikars – wie für die Arbeit als Seelsorger überhaupt.

Vielfalt erlebt Martin Kalinowski nicht erst in der Zeit als Sekretär und Domvikar oder im multikulturellen Neukölln. Beim Studium in Rom und zuvor am All Hallows College in Dublin nimmt er internationales Flair auf, ist auf Kommunikation in fremder Sprache angewiesen in völlig neuer und ungewohnter Umgebung. »Das hat mich sicher für meinen weiteren Weg sehr geprägt, weil ich an sich ein eher schüchterner Mensch bin, wenn man mir das auch manchmal nicht glaubt.«

Berufung ganz nebenbei

Durch alle Stationen seines studentischen und Priesterlebens hat ihn das Glaubensfundament getragen, das vor allem seine Eltern gelegt haben. Katholisch zu sein, stand für die Familie auch unter den Bedingungen der DDR nicht in Frage. In Eichwalde, südlich von Berlin, wächst Kalinowski auf, ist Ministrant unter dem als sehr stringent bekannten Pfarrer Heinz Hirschberg. »Besonders in der Liturgie hatte er eine klare Linie«, erzählt Kalinowski rückblickend

und ist dankbar für die Geradlinigkeit seines Pfarrers, »wenn ich selbst auch in manchem sicher konzilianter sein würde«. Als Schüler engagiert er sich in der Pfarr- und Dekanatsjugend, deren Sprecher er wird. »Ich weiß nicht, wie viele Kilometer ich mit dem Fahrrad gefahren bin, um die Jugendabende zu organisieren.« In den Dekanatsjugendseelsorgern lernt er ganz verschiedene Priestertypen kennen – und schätzen. Michael Theuerl, der Franziskaner Othmar Brüggemann und Bertram Tippelt begegnen ihm als Kapläne in Berlin-Köpenick. Alle drei prägen und begleiten ihn auf je eigene Weise. Den Anstoß für seine Berufung zum Priester erhält er aber eher zufällig, »ohne ein Damaskuserlebnis«. Pfarrer Hirschberg fragt ihn nach einer Werktagsmesse nebenbei, was er denn einmal werden wolle. »Wie ich darauf kam, weiß ich heute nicht mehr, aber ich habe gesagt, ich könnte mir vorstellen, Priester zu werden.« Nach Berufsausbildung, Abendschulabitur und Sprachenkurs geht Martin Kalinowski nach Erfurt ins Priesterseminar. Heinz Hirschberg begleitet ihn, nicht nur im Gebet. Vor seinem Tod im Jahr 2001 erlebt er noch, wie der von ihm Getaufte zum Priester geweiht wird. (mar)

Pfarrer Martin Kalinowski, geb. 1971 in Königs Wusterhausen, Priesterweihe 2000, u.a. Sekretär u. Zeremoniar des Erzbischofs, seit 2008 Pfarrer von St. Clara, seit 2009 Dekan.

Es war immer schwerer als ich erwartete, aber die Gnade war auch immer größer

Erzbischof Georg Kardinal Sterzinsky

— *Herr Kardinal, haben Sie Ihre Zusage, sich von Gott als Priester in den Dienst nehmen zu lassen, auch manchmal bezweifelt oder in Frage gestellt?*

GEORG KARDINAL STERZINSKY: Bedacht ja, bezweifelt nein! Wir haben uns im Weihekurs anlässlich des 50-jährigen Weihejubiläums zu einem Einkehrtag getroffen. Manche haben eingestanden: »Wenn ich damals schon gewusst hätte, was alles auf mich zukommt …«. Die Situation hat sich oft verändert. Als wir mit dem Studium begannen, hat keiner an ein Konzil gedacht. Vor der Weihe wussten wir: Ein Konzil kommt, aber keiner ahnte, was es in Bewegung setzen würde. Die Aufgaben und Herausforderungen waren immer wieder andere, auf die wir nicht wirklich vorbereitet waren, auch nicht vorbereitet sein konnten, bis hin zur Wiedergewinnung der Einheit Deutschlands. In jeder dieser Situationen habe ich mich gefragt: Ist es das, wofür ich mich habe weihen lassen? Und jede dieser Situationen hat erneut ein bewusstes »Ich bin bereit« erfordert. Aber immer neu habe ich auch die Erfahrung gemacht: Wenn ich mich auf die Anforderungen eingelassen habe, wenn ich mich in den Dienst nehmen ließ, wurde mir die Kraft gegeben, ihn auch recht und schlecht zu erfüllen. Es war immer schwerer als ich erwartete, aber die Gnade war auch immer größer. Wie es mein Wahlspruch als Bischof sagt: Deus semper maior.

— *Hatten Sie es vor 50 Jahren einfacher als ein junger Mann, der sich heute für den Priesterberuf entscheidet?*

GEORG KARDINAL STERZINSKY: Ja, wir hatten es einfacher. Erstens gab es in der DDR eine Konfrontation mit dem Staat. Die Partei hatte ganz klar erklärt: Die Kirche werden wir vernichten! Und wir jungen Leute haben uns gesagt: Das lassen wir uns nicht gefallen, wir bieten euch die Stirn! Eine solche Konfrontation ist eine Herausforderung, die stärkt. Zweitens hatten wir in den Pfarreien Gemeindemitglieder, die sagten: Wir brauchen die Priester, wir brauchen den priesterlichen Dienst. Sie haben auch erwartet, dass die Priester ihrer Berufung entsprechend leben. Diese Erwartung hat uns natürlich auch motiviert, so zu leben. Aber sie haben nicht gesagt, weil die Priester so leben, wie sie vorgeben zu leben, schätzen wir sie, sondern sie haben gesagt: Der priesterliche Dienst ist uns so viel wert, dass wir die Priester schätzen. Das ist heute anders. In vielen Gemeinden ist die Haltung zu beobachten: Wenn der

»… jede dieser Situationen hat erneut ein bewusstes ›Ich bin bereit‹ erfordert.«

priesterliche Dienst ausfällt, dann fällt er halt aus, und dann wird er eben ersetzt durch etwas anderes. Das ist ganz schwierig für jeden, der vor der Frage steht, Priester zu werden oder nicht, wenn es anscheinend auch ohne Priester geht.

Sonntagsgottesdienst als stärkende Erfahrung

— *Sie haben gesagt, dass schwere Zeiten hinter Ihnen liegen. Sie hatten aber als Pfarrer in Jena, in der größten Gemeinde der DDR mit rund 10.000 Gläubigen, gut 2.000 Gemeindemitglieder, die Sonntag für Sonntag zu den Gottesdiensten gekommen sind. Gibt es aus dieser Zeit Erfahrungen, die Sie stark gemacht haben?*

GEORG KARDINAL STERZINSKY: Ja, jeder Sonntagsgottesdienst war so eine Erfahrung. Am Sonntagvormittag feierte ich in Jena vier Gottesdienste hintereinander, und jedes Mal war die kleine Kirche überfüllt. Man merkte es den Menschen an, dass es ihnen ein Bedürfnis war, Gott zu loben, der Predigt zu lauschen. Wenn man das Sonntag für Sonntag erlebt, so stärkt das einen. Man ist eigentlich die ganze Woche am Überlegen: Was kann ich den Menschen sagen, das sie stark macht in der Woche, im Glauben zu bleiben, zu beten, in Verbindung mitei-

nander zu bleiben, das karitative Engagement der Gemeinde fortzusetzen, ihre Kinder im Glauben zu erziehen. Diese Frage hat mich motiviert.

Und dann gab es die Unterstützung durch Einzelne, die mich gestärkt hat. Mein Vater zum Beispiel, der hat die Auseinandersetzung mit Staat und Partei noch mehr ausgefochten als ich. Mein Vater durfte nie Betriebsleiter in der Ziegelei werden, in der er arbeitete, aber man fand auch keinen Fachmann, also war er über Jahre kommissarischer Betriebsleiter. Dann sprach es sich im Betrieb herum: Der Sohn wird in einem halben Jahr Primiz haben, also nach der Priesterweihe den ersten Gottesdienst in seiner Heimatgemeinde feiern. Und dann beschloss die Partei – natürlich unter dem Siegel der Verschwiegenheit – an dem Tag, an dem der Sohn hier den Gottesdienst feiert und sich der Vater nicht vom Sohn distanziert, wird er auch diesen Posten loswerden und Hilfsarbeiter werden. Zwanzig Minuten nach dem Parteibeschluss wusste mein Vater davon. Und dann ist er denen zuvorgekommen und hat von sich aus gekündigt, was in der DDR ein Unding war. Danach war er arbeitslos. Später arbeitete er in einem Sägewerk als ungelernter Hofarbeiter. Das alles hat mein Vater für mich in Kauf genommen. Er hat gesagt: Ich werde mich von meinem Sohn nicht distanzieren. Ich hab ihn nicht gedrängt, Priester zu werden, ich hab ihn nicht einmal finanziell unterstützen können im Studium. Aber ich habe mich gefreut, dass er es macht. Da werde ich mich doch nicht von ihm distanzieren, nur um diesen verrückten Posten eines kommissarischen Betriebsleiters in einer volkseigenen Ziegelei zu behalten. Diese Haltung meines Vaters hat mich gestärkt.

»Was kann ich den Menschen sagen, das sie stark macht in der Woche, im Glauben zu bleiben …«

— *Wie haben Sie die Rolle der katholischen Kirche zu DDR-Zeit gesehen?*

GEORG KARDINAL STERZINSKY: Wie eine geschlossene Phalanx. Wir wussten: Wir können in der Gesellschaft nichts ausrichten, also gehen wir nicht auf Konfrontation. Denn die Konfrontation würde uns höchstens schaden. Wir werden den Staat nicht attackieren, sonst passiert uns, was in der Sowjetunion passiert ist: Die Kirchen werden kassiert, geschlossen, wir müssen in den Untergrund gehen und dann wird es noch schlimmer. Oder es geschieht, was in der Tschechoslowakei geschehen ist, das würde uns auch nicht helfen. Gleichzeitig wussten wir: Wir dürfen den Staat nie hofieren, nie eine ideologische Verbeugung machen, nie nachgeben in Fragen des Glaubens und Bekenntnisses, nie mitmachen, wo wir unseren Glauben auch nur scheinbar verlieren und verleugnen. Aber wir müssen stark bleiben für den Fall, wenn dieses verruchte System zusammenbricht. Und so war es dann auch: Als die Wende kam, waren die Katholiken da!

—— *Die Wende: eine spannende Zeit für Sie?*

GEORG KARDINAL STERZINSKY: Eine sehr spannende und eine nicht leicht durchschaubare Zeit. Da war ich dann schon in Berlin, im September 1989 bin ich nach Berlin gekommen.

—— *Als Sie 1989 nach Berlin kamen, hatten Sie eigentlich vor, sich auf die neue Aufgabe ruhig einzustellen, ein Jahr lang alles anzuschauen, zu beobachten. Doch dazu kam es nicht.*

GEORG KARDINAL STERZINSKY: Es ist eine gute Regel zu sagen: Wenn ich einen neuen Posten übernehme, mache ich ein Jahr lang alles wie der Vorgänger. Nur schauen und beurteilen, aber noch nicht anders handeln. Aber so konnte ich nicht vorgehen, ich musste alles gleich ändern.

—— *Und ist Ihnen das aus Ihrer Sicht gelungen? Was haben Sie in der Wendezeit erreichen können?*

Vorurteile zwischen Ost und West überwinden, voneinander lernen

GEORG KARDINAL STERZINSKY: Lange Zeit musste ich eine Konfrontation ertragen, eine Enttäuschung: Die Katholiken im Osten hatten gedacht, im Westen sei alles viel besser, wir brauchen es also nur so zu machen wie die Katholiken im Westen. Und nach nur wenigen Wochen merkten sie: Nein, das ist eine ganz andere Welt. So wollen wir nicht werden. Wir wollen es zwar so haben wie die Menschen im Westen, aber wir wollen nicht so werden wie sie. Und die im Westen guckten sich die Ostdeutschen an und sagten: Wir haben die für Helden gehalten, aber das sind sie ja gar nicht. Eine kluge Frau, die jüngst verstorbene Hanna-Renate Laurien, hat es auf die Formel gebracht: Die Westler denken, die im Osten sind doof, und die Ostler denken, die im Westen sind nicht fromm. Beides ist überspitzt, aber hat einen Anknüpfungspunkt in der Realität. Und jetzt müssen wir voneinander lernen: Die im Osten müssen lernen, dass Christen eine Verantwortung für die Gesellschaft haben, die sie nicht wahrnehmen, wenn sie sich einigeln und abschirmen. Und die im Westen müssen lernen, dass sie ihre Verantwortung für die Gesellschaft nicht wahrnehmen können, wenn sie nicht aus dem Glauben und aus der Frömmigkeit leben. Sie müssen sich um den Altar versammeln, aus dem Gebet, aus dem Wort Gottes leben. Und so ist mindestens dieses Vorurteil überwunden worden. Aber immer noch ist zu merken: Über Jahrzehnte gewachsene Mentalitäten werden auch nur über Jahrzehnte verwandelt, sie sind immer noch nicht ganz behoben. Allerdings hat sich die Bevölkerung gemischt. Aus dem Westen Berlins sind wenige in den Osten gezogen und umgekehrt auch, aber es sind viele aus Westdeutschland nach Berlin gezogen. Dadurch hat sich vieles im Bewusstsein wie auch in der Gläubigkeit gewandelt.

Der Glaube weckt Kräfte

—— *Wie sehen Sie die Rolle der katholischen Kirche heute? Es gibt ja immer weniger, die sonntags zum Gottesdienst kommen …*

GEORG KARDINAL STERZINSKY: Es wächst langsam das Bewusstsein: Wir dürfen nicht nur bewahren. Denn wir bewähren uns nur, wenn wir nach außen hin unseren Glauben einladend, sogar missionarisch

leben. Und wir müssen auch sagen: Wir haben einen Auftrag für die Gesellschaft. Der Glaube kann und muss heilende Kräfte in die Gesellschaft tragen. Im Augenblick sind wir in einer ganz schweren Krise, weil plötzlich etwas offenbar wurde, was zwar da war, aber kaum einer gewusst hat: sexueller Missbrauch, Machtmissbrauch. Das müssen wir erst einmal aufarbeiten und überwinden. Das nimmt man der Kirche mit Recht übel, das darf es vor allem in der Kirche nicht geben, das darf es überall nicht geben, gibt es aber leider überall und zehnmal leider auch in der katholischen Kirche. Die aktuelle Situation schwächt die Glaubwürdigkeit der Kirche. Es ist eine akute Krise, die wir überwinden müssen. Aber dann müssen wir wieder zeigen, dass der Glaube nicht nur dem hilft, der selbst glaubt, sondern dass der Glaube auch Kräfte weckt, die der Gesellschaft heilende Kräfte zuführen.

— *Sie haben sich vor 50 Jahren zum Priester weihen lassen und damit für ein eheloses Leben entschieden. Wie beurteilen Sie diese Entscheidung heute?*

GEORG KARDINAL STERZINSKY: Als ich so zwanzig, dreiundzwanzig Jahre alt war, habe ich für mich akzeptiert, dass die Kirche es sich leistet, ihre Priester aus denen zu wählen, die zum ehelosen Leben berufen sind. Es gibt nach den Worten Jesu in der Heiligen Schrift Menschen, die sind zur Ehe berufen, und es gibt Menschen, die sind um des Himmelreiches willen zur Ehelosigkeit berufen. Die römisch-katholische Kirche hat sich vor rund tausend Jahren entschlossen, ihre Priester aus denen zu wählen, die zur Ehelosigkeit berufen sind.

Ich habe schon sehr bald, vom ersten Kaplansjahr an, junge Leute auf die Ehe vorbereitet, habe denen also sagen müssen, wie ich mir als Christ die Ehe vorzustellen habe. Dann kam ich zu der Einsicht, dass ich das als Priester nicht könnte. Ich würde der Frau, den Kindern, der Familie nie gerecht werden. Mein Fazit: Ich, für meine Person, kann keine Ehe leben. Also kann ich nicht anders, als um des Himmelreiches willen, um des Priestertums willen ehelos zu leben. Ich kann nur zölibatär leben. Offensichtlich muss es auch andere geben, die zur Ehelosigkeit um des Himmelreiches wegen berufen sind, und die Kirche wählt bis auf den heutigen Tag ihre Priester aus denen aus, die um des Himmelreiches willen zur Ehelosigkeit berufen sind. Wie lange sie dabei bleibt, weiß ich nicht. Aber sie sollte es nicht in einer Krisenzeit ändern. Man deckt doch ein Dach nicht neu, während ein Gewittersturm tobt.

Innere Ruhe und Freude

— *Seit mehr als zwanzig Jahren sind Sie Bischof. Damit müssen Sie letztlich über die Berufung anderer Menschen entscheiden. Wie geht das?*

GEORG KARDINAL STERZINSKY: Zum Glück muss ich das nicht alleine tun. Bevor ein Kandidat geweiht wird, beurteilen verschiedene Personen, ob er geeignet ist: die Professoren im Theologie-Studium, der Theologen-Referent, die Regenten der jeweiligen Priesterseminare, die Mentoren und Praktikums-Pfarrer. Sie alle wirken an dieser Entscheidung mit. Und auch der Kandidat ist gehalten, seine Neigung und Eignung immer neu zu prüfen. Dabei ist immer ganz wichtig, ob er auf seinem Weg zum Priestertum innere Ruhe und Freude gewonnen hat. Beides halte ich für diesen Dienst als unabdingbar. Auf Selbstsicherheit hingegen kommt es nicht an.

— *Früher sagte man oft formelhaft »Priesterleben – Opferleben«. Darf ein Priester überhaupt glücklich sein?*

GEORG KARDINAL STERZINSKY: Das schließt sich doch nicht aus. Im Gegenteil: Glücklichsein ist die Probe aufs Exempel, ob er auf dem rechten Weg ist. Wer Opfer nicht als ein selbstauferlegtes Opfer be-

»Glücklichsein ist die Probe aufs Exempel …«

greift, sondern als die Annahme des Dienstes, zu dem er gerufen ist, der wird darin sein Glück finden. Und umgekehrt: Wer meint, dass er glücklich wird, wenn er seinen Lebensplan durchsetzt, wird unglücklich. Selbstverwirklichung im Sinne Jesu besteht darin, das zu tun, wozu man berufen und gesandt ist. Je älter ich werde, umso klarer finde ich bestätigt, was Jesus sagt: »Wer sein Leben retten will, wird es verlieren. Wer es aber um meinetwillen verliert, wird es retten.« Wer sich hingibt, wird glücklich. (JB)

Erzbischof Georg Kardinal Sterzinsky, geb. 1936 in Warlack/Ostpreußen, Priesterweihe 1960 in Erfurt, u.a. Pfarrer in Jena und Generalvikar in Erfurt, Bischof von Berlin seit 1989, zum Kardinal kreiert 1991, Erzbischof von Berlin ab 1994.

Die Autoren

Juliane Maria Bittner (JB)
Geb. in Leipzig, Diplom-Ökonomin, seit 1978 in Berlin (Ost), freie Autorin für Buch, Hörfunk und Fernsehen, seit 2002 Redakteurin der Katholischen Sonntagszeitung.
Sie freut sich, nach 40 Jahren DDR-Bürgerschaft im wiedervereinten Berlin und seinem Erzbistum angekommen und angenommen zu sein.

Stefan Förner (fös)
Geb. in Bamberg (Franken), Diplom-Theologe, seit 1996 in Berlin,
seit 2003 Pressesprecher des Erzbistums. Er staunt immer noch über Neues und Unerhörtes aus Geschichte und Gegenwart des Erzbistums Berlin.

Hermann Fränkert-Fechter (Frä)
Geb. in Legden (Münsterland), Religionspädagoge und Diplompädagoge, seit 1983 in Berlin, zunächst im Katechetischen Dienst, ab 1987 im Seelsorgeamt, seit 1993 Abteilungsleiter für Kategoriale Seelsorge und zusätzlich stellvertretender Dezernatsleiter. Er freut sich über die Vielfalt der Weltkirche, die in Berlin sichtbar wird.

Thomas Gleißner (tgl)
Geb. in Hemsbach (Baden-Württemberg). Seit 25 Jahren bei der Caritas.
Nach Stationen in Freiburg und Mainz elf Jahre Abteilungsleiter bei der Caritas in Brandenburg. Seit 2007 Pressesprecher des Caritasverbandes für das Erzbistum Berlin.
Er ist nach wie vor begeistert von der Leidenschaft und Kreativität, mit der sich Menschen in der Caritas für andere einsetzen.

David Hassenforder (DH)
Geb. in Troisdorf (bei Bonn). Diakon und Priesteramtskandidat, seit 2007 in Berlin.
Er bereut es nicht, sich ein Bistum als Wahlheimat ausgesucht zu haben, das sowohl historisch als auch durch die Herausforderungen der Gegenwart eines der spannendsten Deutschlands ist.

Anne-Luise Kitzerow-Manthey (AKM)
Geb. in Berlin-Prenzlauer Berg. Diplom-Kulturarbeiterin und Buchhändlerin,
die sich vor allem für Literatur und Berliner Kulturgeschichte interessiert.
Wohnt inzwischen mit Mann und Kindern in Berlin-Friedrichshain.

Wolfgang Klose (KW)
Geb. in Berlin-Tempelhof, seit der Jugendzeit aktiv bei der Mitwirkung und -gestaltung des katholischen Lebens in Berlin und bis heute dabeigeblieben. Seit 2008 Vorsitzender des Diözesanrates, um auch weiter die Stimme der Laien zu sein.

Die Autoren **143**

Susannah Krügener (sk)
Evangelische Diplom-Theologin, in Berlin geboren, wo sie auch heute mit Mann und Kindern lebt. Seit 2004 selbstständig als Journalistin und Biografin. Besonders am Herzen liegen ihr Themen der Ökumene, da sie überzeugt davon ist, dass die Kirchen mehr verbindet als trennt und Unterschiede Bereicherungen sind.

Konstantin Manthey (KM)
Geboren und aufgewachsen in Berlin-Pankow, Theologe und Kunstgeschichtler (M.A.), arbeitet als Jugendbildungsreferent für das Erzbistum Hamburg in Teterow/Mecklenburg, nach wie vor ist er interessiert an den Geschichten seines Heimatbistums.

Thomas Marin (mar)
Geb. in Kleinmachnow, Diplom-Ingenieur, Familienvater, seit 2003 Ständiger Diakon, seit 2008 Gefängnisseelsorger in Berlin. Er freut sich über jeden, der Suchenden die Türen zur Kirche offenhält, und über jeden, der im säkularen Umfeld auf der Suche nach Gott ist.

Frank-Thomas Nitz (ftn)
Geb. in Annaberg-Buchholz (Erzgebirge), Diplom-Theologe, seit 1988 in Berlin, seit 1991 Referent beim Diözesanrat der Katholiken im Erzbistum Berlin.
Er ist immer wieder beeindruckt von dem beachtlichen ehrenamtlichen Engagement vieler Menschen in der Kirche.

Martina Richter (ri)
Geb. in Berlin, Kommunikations- und Religionswissenschaftlerin (M.A.), seit 2008 Referentin für Öffentlichkeitsarbeit im Erzbistum Berlin.
Sie freut sich, dass die katholische Kirche in der Hauptstadt und drumherum so gar nicht trist und grau ist, und über die Möglichkeiten, Farbtupfer einzubringen.

Rupert von Stülpnagel (stü)
Geboren und aufgewachsen in Berlin, drei erwachsene Kinder, nach dem Staatsexamen (Geschichte/Sozialkunde und Katholische Religion) an der FU Berlin im Unterricht an mehreren Berliner Oberschulen tätig und seit 1991 als Leiter der gleichnamigen Abteilung für den Religionsunterricht im Erzbistum zuständig. Er lebt und arbeitet aus der Überzeugung, dass Religion immer persönlich, aber nie privat ist.

Walter Wetzler (ww)
Geboren in Temesvar (Banat, Rumänien), aufgewachsen in der schönen Pfalz, lebt seit 1987 in Berlin, freier Fotograf. Er ist immer wieder neugierig auf Menschen und die Begegnungen mit ihnen und fühlt sich auch als Beobachter recht wohl.

Erzbistum Berlin

Herausgeber:
Erzbischöfliches Ordinariat Berlin · Pressestelle und Öffentlichkeitsarbeit
Niederwallstraße 8–9 · 10117 Berlin · presse@erzbistumberlin.de
Idee: Konstantin Manthey · Fotos: Walter Wetzler, 2010 · Gestaltung: Stefan Dud
Druck: DCM Druck Center Meckenheim GmbH

Dieses Buch wurde ermöglicht durch eine großzügige Unterstützung von
Bank im Bistum Essen · Darlehnskasse Münster · Pax-Bank Berlin

Morus Verlag, Berlin · 2011
ISBN 3-87554-408-0